30
106

# NOTES

## DE

# VOYAGE.

TOULOUSE. — IMP. A. CHAUVIN ET FILS.

# NOTES

de

# VOYAGE

## LEIPZIG

### CORNÉLIUS BLÜM

—

1870

# NOTES DE VOYAGE.

Le midi de la France, que la nature a
traité avec une prodigalité inouïe, semble,
par une étrange fatalité, condamné à un
incurable marasme. Le mouvement industriel et l'essor intellectuel, si ardents dans
le Nord, y languissent de consomption.
Aussi est-ce un pays peu exploré ou dédai-
gneusement traité par les chroniqueurs du
sport et les dandies du tourisme. Cela est
fâcheux, car l'archéologue et le poëte y
trouveraient cependant à chaque pas de ces
trésors inattendus, de ces riens précieux
qui font tout le charme et toute la joie des
voyages.

J'avais, pour ma part, si souvent tra-
versé le Languedoc, le Roussillon, la Provence et le Dauphiné, en ne m'arrêtant que
dans les grands centres, et je désirais depuis si longtemps en explorer les coins per-
dus, que j'ai naguère effectué ce projet,
avec cette rapidité fabuleuse que les dé-

couvertes de Watt, de Papin et de Stephenson ont donnée aux communications.

Poussé par ce désir, je me dirigeai vers la gare à peu près cryptique de Toulouse et m'y blottis dans un compartiment de wagon. La vapeur rugit, la locomotive s'ébranla et la ville de Clémence Isaure eut bientôt disparu à l'horizon.

La monotonie des voyages en railway est justement proverbiale. On lit, on dort, ou l'on regarde les voisins en ayant l'air de leur dire, comme Louis XIII à Cinq-Mars : « Ennuyons-nous , ennuyons-nous de toutes nos forces. » Ainsi fis-je en mon coin, passant avec indifférence devant Escalquens, qui n'offre pas d'intérêt ; Montlaur, où, d'après une tradition suspecte, Clémence Isaure aurait été enfermée dans un château par Archambaud, seigneur du lieu ; Baziége, la *Badera* de la carte de Peutinger ; Villenouvelle, où l'on élève des oies grasses avec le maïs du Lauragais ; Villefranche, où les comtes de Toulouse possédèrent une forteresse, et Avignonet, théâtre d'un des plus sanglants épisodes de la guerre des Albigeois.

Les inquisiteurs, installés à Avignonet, décimaient les sectaires. Ces inquisiteurs étaient *le dominicain Guillaume d'Arnaud et le franciscain Etienne.* Guillaume d'Arnaud avait avec lui deux religieux de son ordre : Bernard de Rochefort et Garcias, d'Aure, au diocèse de Comminges ; Etienne n'avait qu'un assesseur de son ordre, Raymond de Charbonière. Ils avaient associé à leurs fonctions le Toulousain Raymond de Costiran , dit l'Ecrivain , *Scriptor*, qui était accompagné d'un clerc appelé Bernard. Ils s'étaient adjoint, en outre, le prieur d'Avignonet, dont le nom est resté inconnu, mais qui était un bénédictin du couvent de Cluse. Ils étaient enfin assistés d'un notaire ou greffier de l'Inquisition nommé Pierre d'Arnaud, et de deux clercs qui lui servaient de nonces ou huissiers, qu'on appelait Fourtanier et Adhémar.

Ces douze personnages étaient tous logés au château d'Avignonet, dont Raymond d'Alfaro était gouverneur pour le compte du comte de Toulouse et qui forma le projet de les faire assassiner. Il envoya Guillaume de Plaigne faire part de son dessein à Pierre-Roger de Mirepoix, qui habitait le château de Monségur, et qui entra dans le complot. Pierre-Roger entraîna avec lui Imbert de Salles, Alzieu de Massabrac, Giraud et Raymond de Ravat, Perrin de Pomars, Guillaume Adhémar du Vaux, Raymond de Corbeirac, Guillaume de Tornabois, Roger de Lissac, Pierre de Mazeiroles, Sicard de Puyvert, Guillaume de l'Ile, Balaguier de Laurac, Jordan du

Mas, Pierre d'Aure, qui s'avancèrent vers
Avignonet où les Avignonitains, Guillaume de Raymond Golairan et Bertrand
de Quiders les introduisirent. Les inquisiteurs furent impitoyablement massacrés
par les conjurés, le jour de l'Ascension de
l'année 1242. Les foudres de l'Eglise tonnèrent sur les meurtriers. Raymond VII,
qu'on accusait de n'être pas resté étranger
à cet attentat, voulant prouver son innocence par la rigueur du châtiment, fit arrêter et pendre les coupables.

Au delà d'Avignonet, j'aperçus bientôt,
sur la gauche de la voie, la station du Ségala et les pierres de Naurouse, dont Nostradamus (1) parle dans ses centuries ; le

---

(1) Les pierres de Naurouse sont situées sur un
plateau élevé qui, séparant les bassins de l'Aude
et de la Garonne, paraît opposer une infranchissable barrière à la communication de ces deux
cours d'eau. C'est près d'elles que Riquet venait
méditer un problème déjà posé sous Auguste, repris sous les règnes de François I<sup>er</sup>, de Charles IX, de Henri IV, et particulièrement étudié
de 1614 à 1650 : le problème de la jonction des
deux mers. Les centuries de Nostradamus désignaient les pierres de Naurouse comme devant
annoncer, par leur rapprochement, la fin du
monde :

Quand las peyros de Naurouso se toucaran,
Fennos et fillos se dabergougnaran.

« Quand les pierres de Naurouse se toucheront,
— Femmes et filles perdront toute pudeur. »

Mas-Saintes-Puelles, patrie de saint Pierre Nolasque, fondateur de l'ordre de la Merci; Castelnaudary, si funeste au duc de Montmorency, décapité à Toulouse; Pexiora, avant-poste de Saint-Papoul, où Charlemagne fonda une abbaye, et Jean XXII un évêché; Bram, voisin de Fanjeaux, où saint Dominique établit, en 1207, le monastère de Prouille (1) qui subsista jusqu'à la Révolution, et que le P. Lacordaire essaya de relever; Alzonne, au confluent du Fresquel et de la Bernassonne; Pezens, voisin de Penautier, dont une des seigneuresses aima et fut aimée de Gaston-Phœbus; et je descendis du train, lorsqu'une casquette brodée vociféra le nom de Carcassonne.

En descendant de wagon, je me dirigeai vers la Cité, sans m'inquiéter aucunement de la ville basse, car on n'ignore pas que Carcassonne se divise en ville haute ou Cité et en ville basse.

La ville basse est insignifiante, comme la plupart des villes de son importance; la Cité, au contraire, mérite d'attirer l'atten-

(1) On voyait sur la porte du couvent de Prouille, un coq, une caille et une chouette. Suivant la légende. le coq disait à la caille : *Cacaraca ! faï l'amour?* La caille répondait : *Cálqué cóp, cálqué cóp;* et la chouette, en vraie prude, murmurait : *Chut ! chut ! chut !*

tion, car elle offre un spécimen à peu près complet de l'art des fortifications du sixième au quatorzième siècle. C'était une des places fortes que le gouvernement entretenait en Languedoc, quoiqu'elle ne pût entrer, en aucune manière, dans le système militaire et défensif de la France. Elle avait son administration particulière et ses magistrats spéciaux, qu'elle a conservés jusqu'à l'année *1800, époque de sa réunion à la ville basse.*

On a longtemps célébré, dans cette dernière, la singulière fête du roitelet. Le premier dimanche, du mois de décembre, les jeunes Carcassonnais allaient à la chasse du roitelet, et celui qui le tuait était investi d'une royauté annuelle. Le jour de l'Epiphanie, le nouveau monarque, le diadème au front et le sceptre en main, s'en allait, entouré d'un brillant cortége, ouïr la messe à l'église Saint-Vincent. On portait triomphalement devant lui la victime empaillée au bout d'une hampe. La messe entendue, le cortége faisait le tour de la ville en sollicitant la générosité des habitants, et la cérémonie se terminait par un festin que soldait l'argent de la quête. La dernière fête fut célébrée en 1785.

Les *Guides*, ayant vulgarisé les descriptions de la Cité, simplifient ma tâche ; aussi dirai-je sommairement que j'y entrai par la porte Narbonnaise, — véritable château fort avec ses colossales tours semi-circulaires, — près de laquelle j'aperçus le buste de la fabuleuse dame Carcas, à laquelle la légende attribue la défense de la place contre Charlemagne, — et que j'en sortis par la porte d'Aude après avoir parcouru ses deux enceintes, contemplé sa cinquantaine de tours , — dont quelques-unes passent pour remonter à l'époque des Wisigoths, — et exploré son château féodal, citadelle enclavée dans une citadelle.

Le gardien qui me pilota dans ce château me montra, à quelques pas de la porte extérieure, un puits creusé par le vicomte Roger III, au onzième siècle, mais dont la margelle ne date que du quinzième. Il est de notoriété apocryphe que ce puits renfermait les trésors des Wisigoths, formés des dépouilles enlevées par les Romains au temple et au palais de Salomon, transportées depuis à Rome et pillées par Alaric I<sup>er</sup>, après la prise de cette ville. Procope parle de ces trésors renfermés dans Carcassonne, dont Clovis fit le siége après avoir tué Alaric II à Vouillé. Si ces trésors problématiques ont jamais existé , j'ignore ce qu'ils sont devenus , car le puits a été maintes fois fouillé, et l'on n'a pas plus trouvé de trésor que de chien vert.

J'allais commettre un impardonnable
oubli en ne parlant point de l'église
Saint-Nazaire, cathédrale de Carcassonne,
avant que le siége métropolitain eût été
transféré dans la ville basse. Cette église
fut commencée par Roger III, et bénie en
1096 par le pape Urbain II. La nef, bâtie
par Roger, est romane; mais le reste de
l'église appartient au style gothique. Les
verrières m'ont paru remarquables et les
tombeaux des évêques Radulph et Pierre
de Rochefort intéressants. Je recommande
un bas-relief représentant le siége d'une
place forte au moyen âge et la pierre tom-
bale de *Simon de Montfort*, qui fut enseveli dans cette église, le 22 juillet 1218, et
transporté par son fils, cinq ans après, au
monastère des Hautes-Bruyères, près de
Montfort-l'Amaury.

J'allai de Carcassonne à Minerve, où
les Albigeois reçurent le coup de grâce.
C'est une bourgade languissante accroupie
sur un rocher calciné qui fut, au moyen
âge, la capitale du Minervois. Cette localité, sur laquelle planent de sanglants souvenirs, occupe, sur les bords de la Cesse,
à peu près le centre de la vallée qui commence à Castres et finit à Narbonne.

Les ruines de cette ancienne aire féodale
apparaissent comme de gigantesques mau-
solées dans les solitudes thébaines de

Karnac, de Louksor, de Medinet-Habou
ou de Biban-el-Molouk , car ce fut effecti-
vement le tombeau de la secte albigeoise.
Elles se dressent, sombres et mornes, à
l'extrémité d'une plaine âpre et pulvéru-
lente du département de l'Hérault, dans
l'arrondissement de Saint-Pons et le canton d'Olonzac, profilant leur masse livide
sur les terrains gris qui l'environnent, au
flanc de rochers colossaux qui creusent autour d'elles une ceinture d'abimes. Elles
sont empreintes de cette navrante désolation des villes bibliques sur lesquelles passa
la colère de Jéhovah.

Les maisons ternes et lépreuses du village actuel, percées à de rares intervalles
et à peine chaperonnées, semblent forées
dans l'immense roc sur lequel elles sont
rivées, et qui plonge dans le lit torrentiel
de la Cesse qui , en le rongeant pour se
frayer une issue, a creusé une arche souterraine, formant un pont naturel très-
vanté par les indigènes.

Sur les flancs de l'immense ravin en-
combré de blocs erratiques aux formes
étranges, une grotte s'ouvre aux explorations des géologues et aux investigations
des paléontologues.

Le passé tragique de Minerve gît sous
ses remparts abattus, ses ravelins dévastés,
ses chemins couverts ravagés, ses meur-

trières saccagées, ses créneaux démantelés
et ses mâchecoulis croulants. On sent que
ses débris palpitants furent le siége d'une
forteresse formidable que le fer et le feu
ont couchée dans la poussière des ruines,
sur lesquelles s'épanouissent insolemment
des plantes maraîchères.

J'ai essayé de reconstruire le repaire
des sectaires, jadis situé à la pointe méridionale de la presqu'île qui sert d'assises
à Minerve; j'ai relevé mentalement les
murailles qui gisent à l'entour et relevé la
forteresse qui fut le tombeau de l'hérésie.

Les croisés et les hérétiques déployè-
rent une égale férocité pendant la croisade. Un seigneur de Pépieux, à qui Simon de Montfort avait envoyé des parle-
mentaires, les lui renvoya avec le nez, les
oreilles et les lèvres coupés ; à son tour,
Montfort, après lui avoir fait une centaine
de prisonniers, les lui expédia les yeux
crevés sous la conduite de l'un d'eux, à qui
il avait laissé un œil pour *les guider*. Les
uns et les autres se ruaient en cruautés
atroces qu'on ne justifiera jamais.

Après le sac de Béziers et le siége de
Carcassonne, les Albigeois échappés aux
massacres s'étaient réfugiés à Minerve, qui
passait pour la plus forte place du Languedoc. Simon de Montfort alla les y assiéger.
Les assiégés, commandés par l'héroïque

Guiraud, firent des prodiges de valeur, mais ils furent contraints de demander à capituler lorsque les assiégeants eurent détourné l'unique cours d'eau qui alimentait la place. Guiraud fut députe vers Montfort qui le renvoya à Arnaud, le rigide et implacable légat, qui lui accorda la vie sauve ainsi qu'à tous ceux qu'il commandait, mais en stipulant que ceux des sectaires qui s'appelaient « Parfaits » n'obtiendraient grâce qu'à la condition qu'ils se repentiraient et abjureraient leurs erreurs. Les conditions furent acceptées et les croisés entrèrent dans Minerve le 22 juillet 1210, un an jour pour jour après leur entrée dans Béziers.

Les « Parfaits » se barricadèrent dans deux maisons, les hommes dans l'une, les femmes dans l'autre, décidés à s'y défendre jusqu'au dernier soupir. L'abbé de Vaux-Cernay les exhorta à rentrer dans le sein de l'unité qui, leur disait-il, est un grand bienfait, même au point de vue matériel ; ajoutant que cette vérité ne pouvait être mieux représentée que par un père, vrai chef de la famille, et que le père de la chrétienté est le pape.

Au mot de pape, les « Parfaits » déclarèrent qu'ils aimaient mieux mourir plutôt que de reconnaître une autre autorité que celle de Dieu.

On dressa un bûcher, et des piloris furent plantés pour y attacher les « Parfaits » qui se précipitèrent eux-mêmes dans les flammes, avec cette exaltation enragée qui caractérise tous les sectaires. On assure que cent quatre-vingts hérétiques périrent dans cette lugubre crémation, dont les habitants de Minerve montrent encore l'emplacement.

Un témoin oculaire raconte que trois victimes, déjà à moitié asphyxiées, furent arrachées à l'action des flammes par une femme qui les cacha dans sa maison, et dont les soins les firent revenir à la vie. Il paraît que ces sectaires, touchés du dévouement évangélique de cette femme, abjurèrent.

Guillaume de Puylaurens et Pierre de Vaux-Cernay ont raconté les péripéties de cette lutte sombre et acharnée ; Guillaume de Tudèle a immortalisé cette période dramatique dans son *Poëme de la croisade contre les Albigeois*, le dernier et le plus remarquable monument de la langue romane, qui se divise en deux parties tout à fait distinctes. Dans la première, le troubadour raconte sèchement les événements dans un sens favorable aux croisés et hostile aux hérétiques ; la seconde partie est en complète contradiction avec la première. Le partisan de la croisade qui applaudissait à la chute de Toulouse, — Toulouse, *toute dolouse*, disaient les croisés, — s'indigne tout à coup des violences du Nord et embrasse avec ardeur la cause du Midi. C'est ce qui a fait supposer à quelques érudits, — contrairement à l'opinion de Fauriel, — que la *seconde partie du poème n'était pas du même auteur que la première.*

Lorsque j'eus visité Minerve, je regagnai Carcassonne pour me diriger sur Narbonne. Le railway, longeant l'aride montagne d'Alaric, — une des dernières *ramifications de la chaîne nue, grise et triste des Corbières*, où l'on prétend que le roi wisigoth Alaric fit construire un château, — franchit les stations insignifiantes de Trèbes, où commence la région des oliviers ; de Floure, de Capendu, en face de laquelle se trouvait, dit-on, le château d'Alaric ; de Moux, de Lézignan, de Villedaigne, célèbre par ses figues et son miel, plus connu sous le nom de miel de Narbonne ; de Marcorignan, située à la jonction de l'Orbieu et de l'Aude, et on arrive enfin à *Narbonne.*

Quoique cette ville ait marqué sous la domination romaine, l'on n'y trouve pas un seul monument qui atteste son ancienne splendeur. Ses remparts, construits en grande partie sous François I<sup>er</sup>, avec les débris provenant de la destruction des Arènes, du Théâtre, du Capitole et des arcs de triomphe, sont comme une espèce de musée lapidaire digne d'étude lorsqu'on est enclin aux laborieuses investigations de l'archéologie ; mais ces remparts disparaissent tous les jours devant les exigences croissantes du confortable.

La cathédrale, — Saint-Just, — ne se compose que d'un chœur splendide, dont les transepts n'ont jamais été élevés. Le sanctuaire est entouré de magnifiques tombeaux d'archevêques, et les orgues, comme celles de Sainte-Cécile d'Albi, furent construites par Christophe Moucherel, de Toul. Une particularité peu connue et digne d'être signalée, c'est que le tableau de la Transfiguration avait été commandé à Raphaël par Jules de Médicis pour orner cette église. Un cloître la reliait alors à l'Archevêché, actuellement transformée en hôtel de ville, dont le musée occupe toute la partie supérieure.

La façade de l'hôtel de ville, qui regarde le Marché-aux-Herbes, est surmontée de trois tours carrées désignées sous les noms de tours du Télégraphe, de Saint-Martial et de la Madeleine. A droite de ce monument, et vis-à-vis la porte d'entrée, s'élève la petite église Sainte-Marie-Madeleine. On y voit, dans un passage obscur, une belle porte byzantine en marbre blanc. Indépendamment de cette petite église, il existe, dans l'ancien palais archiépiscopal, les deux chapelles de Saint-Martial et de Sainte-Marie-Mineure.

Les archéologues visitent avec intérêt l'église Saint-Paul, commencée en 1229. On y remarque des chapiteaux romans historiés, représentant des animaux fantastiques, des sujets bibliques et des diables, la plupart extrêmement licencieux.

Narbonne renferme encore la Mourguie, la petite église Saint-Sébastien, et celle de Sainte-Marie-Majeure, — la Majore, — aujourd'hui l'église des Pèlerins. J'y ai vu aussi le bel hôtel de la Renaissance, connu dans la localité sous le nom d'hôtel des Trois-Nourrices.

J'admirai, sur la façade exposée à l'ouest, une fenêtre géminée divisée par un meneau dans lequel se trouve engagée la moitié d'une colonne cannelée d'ordre composite. Entre les colonnes qui dominent le cadre de cette gracieuse fenêtre, on aperçoit des têtes de bélier soutenant des guirlandes de fleurs. L'architrave est sobre d'ornements, la frise fouillée avec élégance et la corniche d'une extrême richesse. Une fenêtre pareille à celle-là devait exister primitivement, mais elle a été maladroitement remplacée par deux ouvertures

modernes sans style. La façade exposée
au sud est également ornée d'une fenêtre
géminée avec cinq cariatides, dont trois
de petite dimension étalent de luxuriants
appas qui ont valu à l'édifice le nom
d'hôtel des Trois-Nourrices. Cette fenêtre
est ornée de chapiteaux en tresses de pa-
nier sous les volutes et de têtes de bélier
sous les consoles enguirlandées de fleurs
et de fruits. La frise est en pointes de
diamants et la corniche d'une sobriété
pleine de goût.

Je suis également allé, à 10 kilomètres
de la ville, visiter les intéressantes ruines
de l'abbaye de Fontfroide, remarquable
par son cloître et sa salle capitulaire.

L'embranchement du chemin de fer, qui
met Perpignan à deux heures de Narbonne, en passant par les *Corbières* et les
étangs, était un trop séduisant appât offert
à mes instincts de touriste pour que j'aie
pu résister au désir d'aller revoir la métropole du Roussillon, dont les *patios* et
les *zaguanes* font pressentir le voisinage
de l'Espagne.

On a bientôt franchi les stations de La
Nouvelle, de Leucate, de Salces, de Rive-
saltes, et l'on arrive à Perpignan, qui
étouffe et se tord dans ses remparts comme
un serpent sous l'étreinte d'un lion.

La porte Notre-Dame, défendue par le

moresque Castillet, auquel un architecte
érotique donna, du temps de Charles-
Quint, la forme d'une gorge de femme;
l'église Saint-Jean-le-Vieux ; la cathédrale Saint-Jean, construite au quatorzième siècle, sous la domination des rois
de Majorque; le Consulat de mer, désho-
noré par l'établissement d'un limonadier ;
la maison de la rue de la Main-de-Fer,
où quelques historiens prétendent que Philippe le Hardi était mort, et une maison
gothique dans la rue du Théâtre : voilà, à
peu près, le menu de ce qu'il y a à voir
dans la ville.

La façade du Consulat de mer, orgueil
de la place de la Loge, est décorée d'ornements flamboyants, d'ogives à double
courbe, couvertes de crosses et de feuilla-
ges mutilés. Celle de la maison de la rue
de la Main-de-Fer ne lui cède en rien. Sa
corniche, dont les sujets licencieux se re-
fusent à la description, m'a paru un chef-
d'œuvre d'élégance et de fantaisie qu'on
croirait échappé aux imaginations porno-
graphiques de Pétrone ou de l'Arétin.

La citadelle, que j'ai oublié de signaler,
mérite cependant une étude attentive. Sa
porte est décorée de quatre cariatides à
gaine, en marbre blanc, dans des attitudes
variées. Deux ont les bras croisés ; les deux
autres prêtent, dit-on, l'énergique et viril

serment catalan, qui consistait à jurer par
la barbe et par ce que les ciseaux du chanoine Fulbert enlevèrent à l'infortuné
Abélard. Cette citadelle renferme trois
châteaux enclavés les uns dans les autres,
et dont les trois enceintes sont distinctes.
Le plus ancien, le donjon gothique, composé de huit grosses tours carrées, fut
longtemps le palais des rois d'Aragon et
de Majorque. D'après quelques écrivains,
Philippe le Hardi y serait mort. Le portail
roman de la chapelle de ce donjon est cin-
tré et orné de ces immenses voussoirs,
composés, ainsi que les parois latérales de
la façade, de plaques de marbre alternativement noir et blanc, qui constituent un
des caractères saillants de l'architecture
catalane. Il est orné de six sveltes et élégantes colonnettes, dont les chapiteaux représentent des dragons. La façade a beaucoup de rapport avec celle de l'église du
mont Sinaï, et la porte rappelle celles de
l'Alhambra. Le second château, flanqué de
six bastions, fut érigé par Charles-Quint. Le
troisième et le plus extérieur, flanqué aussi
de six bastions, défendus par des ouvrages
avancés, fut construit par Louis XIV.

Je ne professe pas une grande admiration
pour les constructions lourdes et meurtrières du génie militaire depuis la réforme
de Vauban. Je quitte donc la citadelle sans

regret pour parler d'une tour élancée
comme une *atalaya*, dont la silhouette se
dessine sur une hauteur à une lieue de
Perpignan. Là, s'élevait *Castel-Rossello*,
le château de Roussillon, qui naquit des
ruines de Ruscino. l'antique capitale des
Celtes-Sardones, détruite par les Maures,
relevée par Charlemagne, saccagée par les
Normands, et dont les vieux remparts furent donnés en fief à un chevalier de race
franque qui, sur les ruines de la ville gau-
loise et du municipe romain, construisit
la *tour féodale* dont il s'agit. Cette tour
pantelante garde, dans l'ombre de ses débris, le souvenir de mystérieuses et sombres amours, que chanta le troubadour
Raymond de Miraval.

C'est une tradition généralement admise
dans le pays que Raymond de Seillans,
seigneur du château de Roussillon, avait
pour page un jeune troubadour nommé
Guilhem de Cabestang, dont le manoir pa-
ternel s'élevait à une demi-lieue du sien.
Le village de Cabestany existe encore, et
son nom, *Caput stagni*, — passez-moi
cette étymologie pédante, — indique l'extrémité d'un étang desséché. Guilhem aima
Saurimonde, femme de Raymond, dont il
célébra les charmes, et en fut aimé. Raymond découvrit l'intrigue, emmena le
page à la chasse, lui coupa la tête et lui

arracha le cœur qu'il mit dans son « car-
vaïol. » Le soir il donna le cœur à manger
à Saurimonde, et à la fin du repas, il se leva
et lui dit que ce qu'elle venait de manger
*était le cœur de son amant,* dont il lui montra la tête ensanglantée. Puis, lui ayant
demandé si elle l'avait trouvé bon, la châtelaine répondit qu'il avait été si bon et si
savoureux que jamais autre manger ni autre boire ne lui ôterait de la bouche le
goût que ce cœur lui avait laissé. Raymond exaspéré, lui courut sus avec sa da-
gue, mais elle se prit à fuir et se cassa la
tête en se précipitant du haut du donjon
dans le préau. Le roi d'Aragon, suzerain
de Raymond, s'empara de son château,
emmena le chevalier en captivité, le laissa
mourir en prison et fit placer le page et la
châtelaine dans le même tombeau, où tous
*les parfaits amants,* toutes *les sincères
amantes* allèrent prier Dieu pour leurs
âmes, ajoute cet effronté mystificateur de
Raymond de Miraval, qui spécula sur la
sensibilité de ses contemporains et spécu-
lerait encore sur la nôtre s'il n'était constant, d'après les pièces des anciennes ar-
chives du pays, que Saurimonde, déjà
mûre, puisqu'elle avait quarante ans à
l'époque où se serait passé ce drame, sur-
vécut à Raymond de Seillans, au lieu de le
précéder dans la tombe.

Cette émouvante légende , que j'ai retrouvée plus ou moins altérée dans bien des
localités, a fourni plusieurs récits dont le
type originel paraît être celui de Raoul de
Coucy, « chevalier beau, courtois, plein de
savoir, qui faisait chants et poésies , mais
n'était pas riche d'avoir. » Raoul aima et
fut aimé de la belle Gabrielle de Vergy ,
femme du sire de Fayel qui, ayant surpris
leurs amours, tua Raoul et fit manger le
cœur à sa femme (1). Il y a bien aussi l'a-
venture d'une certaine marquise d'Astor-
gas qui tua la maîtresse de son mari à qui
elle fit manger le cœur ; mais je me complais trop à rappeler ces légendes d'amour
et de meurtre, tandis que je devrais parler

(1) Le théâtre de ce drame sanglant n'a jamais
été bien déterminé. On l'a placé en divers pays ,
et le nom des personnages a changé avec le lieu
de la scène. Cependant il existe à la bibliothèque
impériale, sous la date de 1228, un poëme ma-
nuscrit de huit mille vers, intitulé *Li Roumans
dou chastelain de Couci et de la dame de Faïel*,
qu'on peut regarder comme le plus ancien docu-
ment de cette dramatique histoire. Le texte du
poëme a été publié à Paris, en 1829, par l'impri-
meur Crapelet, grand in-8°. M. Ch. Gomart, qui
en a donné dernièrement un récit abrégé dans
*la Picardie,* une de nos meilleures revues de province, croit à la réalité du fait qui forme le fond
du poëme et à l'indication du lieu de la scène,
qui serait le *village de Faïel,* à très-peu de distance de Saint-Quentin.

d'Elne, l'antique Illibéris, qui vit camper
Annibal sous ses murs, que Constantin res-
taura et à laquelle il donna le nom de sa
mère Hélène, qui se corrompit insensiblement en Eléna, Elna, Elne.

Cette ville, qui n'a conservé de ses
splendeurs passées qu'une église et un
cloître, fut une des capitales de la Septi-
manie ; les wisigoths y établirent un siége
épiscopal ; les Sarrasins et les Normands la
pillèrent ; Philippe le Hardi l'incendia ; la
monarchie de Majorque s'y éteignit dans
la personne de Jayme II, qui y déposa le
sceptre aux pieds de Pèdre son vainqueur,
et Louis XI s'en empara.

Les fondements de l'église, dédiée à
sainte Eulalie, furent jetés, en 1019, par
l'évêque Béranger, et, malgré les répara-
tions qui en ont altéré le caractère, elle
offre encore ample matière à la curiosité
des touristes. La façade, assez simple et
flanquée de deux tours carrées, se termine
par un gable crénelé percé de cinq fenêtres.
La porte cintrée est revêtue de voussoirs
qui se lézardèrent le jour de la condamna-
tion des Templiers. Le plan de cette église,
qu'on a eu sans doute l'intention d'allon-
ger, — car j'ai remarqué au delà de l'abside
des constructions qui n'ont jamais été ter-
minées, — est celui d'une basilique divisée
en trois nefs, d'une architecture lourde et

massive. L'ornementation en est très-sobre,
comme celle de la plupart des monuments
du onzième siècle, mais l'œil se repose avec
ravissement sur un bénitier et un joli
bas-relief du quatorzième siècle r.présen-
tant une Descente de croix.

Une porte ogivale, à voussoirs alternativement *rouges et blancs*, *assez semblable* à
celle de la chapelle de la Citadelle de Perpignan, dont je parlais tout à l'heure,
communique de l'église au cloître, tout en
marbre blanc des Pyrénées. Cinq piliers
carrés, y compris ceux des angles, séparent
chaque galerie de ce cloître du préau. L'es-
*pace compris entre* chacun de ces grands
piliers est divisé en trois arcades cintrées
par quatre colonnettes doublées. La voûte
des quatre galeries est ogivale avec des
nervures saillantes, croisées, qui s'appuient
d'un côté sur les piliers et de l'autre sur
les murs latéraux. Ce cloître, dont un bois
de myrtes occupe le centre, est ciselé comme
de l'orfévrerie.

Si j'en avais le loisir, il me plairait assez
de décrire les colonnes cannelées, nattées,
imbriquées, les acanthes, les lotus, les
*moulures prismatiques*, les bas-reliefs, les
statuettes de ce cloître élégant et original ;
mais je dois me borner à dire que plusieurs
inscriptions et quelques bas-reliefs sont
encastrés dans le mur mitoyen avec l'église

et que deux Perpignanais de mes amis, qui avaient eu l'obligeance de m'accompagner, me désignèrent un morceau de marbre portant le monogramme du Sauveur et un petit bas-relief qu'ils m'assurèrent être des fragments du tombeau de Constance assassiné à Elne par ordre de Maxence.

Les congrégations religieuses savaient choisir des sites pittoresques pour y asseoir leurs monastères. Du haut de la terrasse de celui d'Elne, j'ai joui d'un panorama ravissant. D'un côté, le Canigou levait sa tête altière; de l'autre, la mer phosphorescente, serrée par les promontoires, sommeillait indolemment dans son manteau de saphir, constellé de voiles latines. Dans un cadre formé par les Albères et les Corbières prochaines, qui rappellent les rochers de la Palestine, la plaine paludéenne était diaprée de champs fertiles couverts d'aloès, d'orangers, d'oliviers, de vignes, de froments, de grenadiers et de micocouliers, véritable paradis dont la vue me plongea dans d'interminables contemplations. Nous accusons les poëtes d'exagération lorsqu'ils essaient de nous décrire des choses semblables, et nous avons tort, car ils restent presque toujours au-dessous de la réalité.

Je quittai cette riche contrée à regret, regagnai Narbonne et me dirigeai sur Cette en m'arrêtant à Béziers, dont les habitants

exhibent avec fierté la statue de Pépézuc
et le chameau de saint Aphrodise. Les
Biterrois assurent que Pépézuc était un
héros qui défendit la ville contre des agres-
sions étrangères ; mais, quoique les savants
se soient chamaillés à cet égard, nul ne
peut affirmer si c'est contre les Vandales,
les Wisigoths ou les Anglais. Quant au
chameau, que je n'ai pas vu, il paraît que
c'est tout simplement une peau empaillée,
chef-d'œuvre de taxidermie, qui perpétue
le souvenir traditionnel du vrai chameau
sur lequel saint Aphrodise, apôtre de
Béziers, venant d'Egypte, arriva dans cette
ville.

De Béziers à Cette, le railway s'allonge
à travers les étangs et passe devant Agde,
l'une des plus brillantes colonies massalio-
tes, que la couleur de ses constructions en
laves basaltiques a fait appeler la ville
Noire. Je ne m'y arrêtai point. Je brûlai
Cette, où les eaux bleues de la Méditerranée
consolent des vins frelatés que l'on y fa-
brique, et me fis conduire à Maguelonne,
dont une légende, que la science peut nier,
mais que la foi consacre, rattache la fondation aux premières années de notre ère.
On remarquera, à mesure que j'avance-
rai sur cette terre méridionale, que le
christianisme n'y a pas fait un pas qui n'ait
eu un merveilleux retentissement dans la

2

mémoire des peuples. La légende raconte que les Juifs, pour punir Madeleine, Marthe, sa servante Marcelle, Lazare, Maximin et Simon de-Béthanie d'être restés fidèles au Christ au delà du tombeau, les forcèrent, par un jour d'orage, à entrer dans une barque qu'ils lancèrent à la mer. Le souffle de Dieu les poussa vers l'embouchure du Rhône, puis vers le lieu qui prit le nom de la pécheresse de Magdala, transformé par le temps en Maguelonne, et dont Simon fut le premier évêque.

Sur une grève éplorée de l'étang de Thau, près du canal des Etangs, on voit les ruines d'une église proclamant l'importance perdue de Maguelonne. Cet édifice roman, où l'ogive a aussi laissé son empreinte, a la forme d'un croix latine orientée, avec une seule nef et deux chapelles dans les transepts. Trois croisées romanes ornées de sveltes colonnettes éclairaient l'abside. L'intérieur, jadis menaçant et fortifié comme un bastion, ressemble actuellement à un vaste mausolée où est enseveli le souvenir de sa grandeur déchue.

Un roman du douzième siècle (1), attribué

---

(1) *Histoire du chevalier Pierre, fils du comte de Provence et de la belle Maguelonne, fille du roi de Naples.*

à Bernard de Traviez, chanoine de Maguelonne, m'avait depuis longtemps rendu ces lieux sympathiques et familiers. Maguelonne de Naples, célèbre par ses malheurs et sa beauté, se consacra à la charité dans ce désert. Humble hospitalière, elle s'y voua au service des pauvres, et son amour, sanctifié par l'infortune, fut béni de Dieu, car, après avoir triomphé de l'adversité, elle épousa son bien-aimé Pierre de Provence.

Dans les environs de Maguelonne on trouve la petite ville de Mauguio, l'ancienne Melgueil, qui donna son nom à des comtes portant préalablement celui de comtes de Substantion ou de Melgloire. Les Juifs et les Arabes y faisaient un commerce si considérable au moyen âge, qu'on y frappait, sous l'autorité des évêques de Maguelonne, une monnaie melgorienne, qui, par une étrange concession, portait encore, en 1266, l'effigie de Mahomet.

Si j'étais un sectateur du Prophète, je dirais qu'il était écrit que je ne devais entrer ni dans Villeneuve-lès-Maguelonne, ni dans Valmagne, ni dans Celle-Neuve, et que je ne passerais que quelques heures à Montpellier, — une vieille connaissance à moi, — pour m'en aller en toute hâte à Aniane, qui occupe une place importante dans notre histoire ecclésiastique. Il y avait

là, on le sait, un monastère, transformé
aujourd'hui en maison centrale de déten-
tion, fondé, en 780, par Benoît, fils d'Ai-
gulfe, *comte goth de Maguelonne*. Deux
ans après sa fondation, trois cents moines
y étaient déjà réunis et son fondateur, célèbre par sa réforme des ordres monasti-
ques, y mourut en 821.

Ces sanctuaires, où la religion réunissait
les âmes dans une ferveur commune, m'é-
meuvent. J'y ai évoqué le souvenir de ces
moines pâles et pensifs qui, penchés sur le
vélin des psautiers et le parchemin des pa-
limpsestes, conservèrent, au milieu du
monde barbare, le culte divin de l'intelli-
gence. Je conviens volontiers que des abus
se glissèrent insensiblement dans ces aus-
tères congrégations, comme dans toutes
les institutions qui ont fait *leur temps*,
mais il m'est bien permis de donner un
regret à ces asiles ouverts aux besoins de
repos et de recueillement dont sont avides
les âmes délicates et les esprits contem-
platifs.

Non loin d'Aniane, à 30 kilomètres de
Montpellier, un édifice religieux abandonné, dont le nom se retrouve parfois
dans les fastes historiques du Languedoc,
attira mes pas. Il doit son nom à un personnage célèbre dans l'histoire de Toulouse,
dont il fut nommé gouverneur par Louis

le Débonnaire. Ce personnage, l'un des plus brillants paladins de la cour de Charlemagne, s'appelait Guillaume au *Cort-Netz*, et est plus connu sous le nom de saint *Guillaume d'Aquitaine*. Après s'être longtemps signalé par moult grandes et vaillantes prouesses *contre les Sarrasins*, il déposa un jour ses armes dans l'église Saint-Julien-de-Brioude, en Auvergne, et s'en alla dans la vallée de Gellone, au diocèse de Lodève, fonder l'abbaye de Saint-Guilhem-du-Désert, dont les premiers habitants furent des religieux du monastère d'Aniane. Je n'ose répéter toutes les prouesses que la légende lui attribue, mais je ne dois pourtant pas laisser ignorer qu'il attaqua le redoutable géant Gellone, tyran de la vallée où il avait construit son abbaye, et le précipita du haut de son donjon, dont on m'a montré les ruines, désignées indifféremment dans le pays sous les noms de château du Géant ou de don Juan.

Pour aller d'Aniane à Saint-Guilhem-du-Désert, on longe l'Hérault et on traverse une gorge profonde entre deux chaînes de rochers géants. J'y vis un grand nombre de maisons gothiques surchargées de bizarres ornements en bois sculpté. Les ruines du château du Géant dominent le village. On montre aux environs une grotte célè-

bre garnie de belles stalactites, de piliers
naturels qu'on dirait taillés par les plus
habiles sculpteurs, de cristallisations au
large feuillage et d'un petit lac micros-
copique.

Dans cette thébaïde, perdue au fond
des gorges de l'Hérault, la solitude a des
charmes ineffables ; et comme la nature,
dans ses splendeurs et ses mélancolies, a
toujours son retentissement en nous, j'y
sentis combien il est doux d'y regarder le
ciel et d'y oublier le monde, en écoutant
passer la brise et l'onde s'enfuir. J'aimai
cette vallée tranquille et j'enviai le bonheur de ceux qui l'habitent. « Pour fuir les
hommes, » disait l'inquiet Childe-Harold,
« il n'est pas nécessaire de les haïr, car tout
mortel n'est pas propre à partager leur
activité et leurs travaux. » Il n'y a donc
de misanthropie aucune à contenir son
cœur de peur qu'il ne se consume dans la
fournaise humaine, et c'est peut-être une
preuve de sagesse que de dédaigner les
luttes acharnées et stériles d'un monde
hostile où nous nous dévorons en atten-
dant la mort. Comme il faut cependant de
la sobriété, même dans la sagesse, je résis-
tai au désir de m'ensevelir à Saint-Guilhem-du-Désert et quittai cette vallée le
cœur serré comme on quitte une patrie.
Je revins à Montpellier, d'où je gagnai

Lunel et Aigues-Mortes, qui dépendait autrefois du parlement de Toulouse, et où l'on peut se faire une idée assez exacte des fortifications du treizième siècle.

En passant à Lunel, où je descendis de wagon pour monter dans la patache d'Aigues-Mortes, je me rappelai, en voyant folâtrer des jeunes filles sur les bords de la route, que Tristram Shandy y dansa une ronde gasconne, au son du fifre et du tambourin, avec Nanette la brune vendangeuse, — qui avait une maudite fente à la jupe, — et à laquelle il rattacha les boucles éparses de sa chevelure.

Je me trouvai dans la patache avec un jeune prêtre tout frais émoulu du séminaire et un frère de la Doctrine chrétienne, bavards comme des pies, et médiocrement sensibles aux étranges beautés du pays que nous parcourions. Leur voix de crécelle, perçante comme une vrille, m'agaçait si cruellement, que je les laissai donner libre carrière à leur garrulité, et m'assis à côté du postillon pour contempler la nature. A quelques kilomètres de Lunel, nous traversâmes le joli village de Marsillargues, émeraude oubliée dans une plaine crayeuse, et bientôt après le paysage devint insensiblement triste et silencieux comme les steppes. La route, sur les bords de laquelle erraient des douaniers hâves et fiévreux,

s'étend au milieu de marais d'où s'envo-
laient parfois des mouettes et des hérons.
Les joncs, les tamaris, les roseaux jettent
leur manteau vert sur les eaux qui fermen-
tent ; les touffes de soude et de varech
constellent les grèves ; dans les canaux en-
caissés qui traversent les marais, de lourds
dragueurs tournaient leurs roues à godets
immobiles et les goëlands rangés sur la
plage nous regardaient passer.

Les crécelles du prêtre et du frère igno-
rantin s'évertuaient sans relâche et avaient
même trouvé un renfort dans un chapelier
que nous avions ramassé sur la route, lorsque nous passâmes sous la porte de la tour
Charbonnière , contemporaine de saint
Louis, et dix minutes plus tard nous étions
à Aigues-Mortes.

La mer, qui mugit à deux lieues, n'est jamais allée, comme c'est une opinion trop
généralement répandue, battre les remparts d'Aigues-Mortes, qui eut cependant
un port où les navires arrivaient par des
étangs qu'on draguait et entretenait dans
ce but. Une partie de la plage s'appelle
le Grau-Louis, et ce mot roman *grau* si-
gnifie embouchure. On a conclu, avec assez
de probabilité, que par ce grau les navires
entraient dans un canal qui, à travers les
étangs, allait aboutir jusqu'aux pieds des
remparts, où l'on m'a montré, du côté du

sud-ouest, des anneaux de fer destinés à
les amarrer.

Ce fut pendant qu'il tenait sa cour à
Saint-Gilles, au milieu des fêtes données
aux ambassadeurs de Michel Paléologue,
que saint Louis fit tracer autour d'Aigues-
Mortes la ligne des fortifications qui existent encore dans leur intégrité. Il allait
même en poser la première pierre lorsqu'il
s'embarqua pour la Terre-Sainte, le 1er
juillet 1270. Cette seconde expédition en
Palestine ne fut pas plus heureuse, car il y
mourut le 25 août suivant; aussi est-ce son
fils Philippe le Hardi qui fit exécuter son
projet.

Des courtines flanquées de tours, avec
un fossé devant, voilà les fortifications du
moyen âge. Le fossé d'Aigues-Mortes est
maintenant comblé, mais le reste est presque intact. Ces fortifications représentent
un parallélogramme à peu près rectangle,
dont un des angles est émoussé. Bâtis sur
un plan vertical, en pierres carrées, tail-
lées en bossages, les murs ont 2 mètres et
demi d'épaisseur à leur base et un peu
plus de 11 d'élévation. De larges escaliers
construits à découvert, de distance en distance, dans l'intérieur de l'enceinte, con-
duisent sur le sommet des remparts, que
couronne sur toute leur étendue une ligne
de créneaux percés de meurtrières. Sur

divers points et vers le bas des créneaux
saillissent, à l'extérieur, des échauguettes
et des machicoulis. Quinze tours, les unes
rondes, les autres carrées, s'élevant, soit
aux angles de l'enceinte, soit à des distan-
ces inégales le long des courtines, proté-
gent l'ensemble des fortifications, et dans
la base de chaque tour ronde il y a une
porte ogivale.

La colossale tour de Constance construite
par saint Louis, et par conséquent anté-
rieure au reste des fortifications, s'élève à
l'angle nord, du côté où les remparts sont
arrondis et dont elle est indépendante. Il
paraît qu'elle servait à la fois de phare et
de citadelle pouvant loger une garnison et
un gouverneur. Je pus, du haut de cette
*tour, contempler le pays à loisir. Le ciel*
enflammé vibrait sous la réverbération
lointaine de la mer ; le spectre des fièvres
paludéennes errait dans les marais et les
étangs, mêlant ainsi les mélancolies
de l'humanité aux solennités de la nature.

En faisant le tour des remparts, en allant de la tour de la Reine à celle de Gar-
gantua, de l'Arsenal à la Poudrière, et de
la porte de la Marine à celle du Château,
je plongeai maintes fois mes regards sur
cette morne cité en proie au marasme de
la malaria, qui vit un jour passer dans ses

murs gothiques les cours flamboyantes de
François I<sup>er</sup> et de Charles-Quint. L'herbe
croit dans ses rues, et nul bruit ne troubla
mes rêveries, si ce n'est un bourdonnement
d'insectes ivres de lumière, jouant dans les
rayons d'un soleil tropical, et les clameurs
de quelques gamins folâtrant autour de la
statue de saint Louis.

Boileau prétend que les transitions sont
le grand écueil de la poésie ; cet écueil
n'est pas moindre en prose et principale-
ment pour les relations de voyage. Aussi
tournerai-je la difficulté en passant, sans
transition aucune, d'Aigues-Mortes à Saint-
Gilles-les-Boucheries, qu'on suppose avoir
*été une colonie grecque fondée par des*
Rhodiens, parce qu'elle s'appelait primitivement Rhode.

L'évêque Egidius , — par corruption
Gilles, — fut le parrain de la ville chrétienne, où les Wisigoths possédaient un palais et qui releva ultérieurement des comtes de Toulouse. C'est avec une émotion
profonde que je retrouve, dans la plupart
des contrées que je viens de parcourir, le
*souvenir de la suzeraineté que ces comtes*
y exercèrent. Le plus célèbre, Raymond IV,
si populaire dans l'histoire et l'épopée sous
le nom de Raymond de Saint-Gilles, y naquit et y établit, en 1113, le premier prieuré
de l'ordre des Hospitaliers de Saint-Jean

de Jérusalem, qui avait cinquante-quatre commanderies sous ses ordres à la fin du siècle dernier.

Pierre de Bruys, qui porta des vallées des Alpes les semences de la vauderie, parcourut l'Aquitaine, prêchant le peuple et formant un grand nombre d'apôtres. A Saint-Gilles, le jour du vendredi saint, il dressa un bûcher de croix, de statues de saints, d'autels et y mit le feu ; il fit ensuite rôtir des viandes, dont il mangea avec les siens ; mais les habitants, indignés, le saisirent et le firent griller sur les charbons.

Saint-Gilles, où se réunirent quatre conciles, en 1042, 1115, 1209 et 1210, était un port où l'on arrivait par le Petit-Rhône, qui s'est ensablé. Une riche abbaye et une église admirable témoignèrent de sa splendeur au moyen âge. L'abbaye, dont les abbés, hauts et puissants seigneurs féodaux, rendaient la justice à la porte de l'église, *sedentes inter leones*, disent les chartes, est anéantie. L'église subsiste, et sa façade, véritable épopée stéréotomique chantant les merveilles de l'Ancien et du Nouveau Testament, est encore, malgré les dévastations et les mutilations, un chef-d'œuvre d'ornementation étrange, où flamboie le symbolisme effréné des Byzantins. Cette façade a l'air d'un colossal bas-relief et offre le type suprême de l'art byzantin parvenu au plus haut degré de splendeur qui soit en Europe.

Une inscription raconte qu'au mois d'août 1116, on commença à bâtir cette basilique, dont le soubassement est décoré de bas-reliefs, où sont sculptés des lions et des antilopes fantastiques. Les douze apôtres, fouillés avec cette rigidité orientale et cette noblesse austère dont les Byzantins emportèrent le secret, ornent le portail. Dans le tympan de la porte centrale, le Christ rayonne dans un limbe entouré des symboles des quatre évangélistes, et la cène est représentée dans l'imposte au-dessous. Les portes latérales ont aussi chacune un bas-relief dans leur tympan : celui de gauche représente la Vierge tenant l'enfant Jésus sur ses genoux, et celui de droite le Christ en croix. Les impostes de ces deux portes représentent la Flagellation et la Résurrection. Les colonnes et les chapiteaux ont une grâce indéfinissable et indescriptible.

C'est devant ce magnifique portail, si richement et si capricieusement décoré, que le légat Milon fit faire amende honorable de l'assassinat de Pierre de Castelnau à Raymond VI, comte de Toulouse, neveu de Louis le Jeune et beau-frère de Richard Cœur de Lion. Le légat, accompagné de trois archevêques et de dix-neuf évêques,

parut sous le vestibule, où on avait dressé
un autel sur lequel étaient déposés le saint
sacrement et les reliques de saint *Gilles*.
Raymond y fut conduit nu jusqu'à la ceinture *et prononça le serment formulé par*
Milon, serment qui fut répété par seize
barons, vassaux du comte, et par les consuls
de la ville. Ensuite, le légat lui fit passer
une étole autour du cou, et ayant pris les
deux bouts, il l'introduisit dans l'église en
le fouettant avec des verges. Après cette
cérémonie, il lui donna l'absolution, et
c'est ainsi que le comte de Toulouse rentra
dans le giron de l'Eglise catholique.

La façade de l'église de Saint-Gilles est
un programme décevant et j'éprouvai une
grande déception en entrant dans la basilique, car au lieu du splendide *temple roman* que j'avais le droit d'espérer, je trouvai une *médiocre église gothique d'un style*
insignifiant. Il subsiste pourtant des fragments de la basilique projetée, qui ne put
être terminée et qu'on remplaça par la
mesquine église dont je viens de parler.
Ces fragments consistent en une crypte
sous une partie de la nef principale et du
collatéral droit de l'église gothique, un
pan de mur appartenant au collatéral et au
transept de gauche, ainsi que quelques
substructions du chœur et du transept de
droite. Le magnifique pavé qui ornait le

sanctuaire fut enlevé et envoyé à Toulouse,
où il décora le palais des comtes. La déca-
dence de Saint-Gilles date de l'époque où
les protestants, maîtres de la province, la
saccagèrent de fond en comble ; mais il
paraît cependant qu'avant la Révolution
une partie de cette ancienne basilique
était couverte , les murs, les piliers
de la voûte intacts, et que c'est à cette
désastreuse époque qu'on en doit la destruction.

Des trois clochers primitifs l'un a été
rasé, ou ne fut peut-être jamais construit;
l'autre est démantelé; le troisième, quoique bien cruellement endommagé , recèle
une espèce de voûte annulaire rampante ,
disposée pour soutenir les marches d'une
spirale tournant autour d'un noyau évidé ,
dont le tracé passe pour un modèle de
stéréotomie et a donné son nom à la *vis de
Saint-Gilles*, la plus élégante des voûtes
en spirale rampante. Le clocher mutilé ,
qui renferme cette vis dans ses flancs, a
conservé deux chapiteaux byzantins, dont
l'un est orné de feuilles d'acanthe et l'autre de l'aigle carlovingienne.

Après avoir gravi les marches de la vis
de Saint-Gilles, je descendis dans l'église
cryptique, où le sacristain me montra le
tombeau du légat Pierre de Castelnau et
un puits dans lequel les protestants jetè-

rent les enfants de chœur, qui y tombèrent
en chantant les louanges de Dieu. Une
porte communique de cette crypte au cloître détruit de la collégiale, dont l'emplacement a été vendu à un propriétaire qui y
fait pourrir du fumier.

Non loin de la basilique, dans une petite
rue étroite, je remarquai une maison romane, qui rappelle, par son caractère, les
édifices romains si nombreux dans le Bas-
Languedoc et la Provence, où ils exercèrent une influence notable sur l'architecture du moyen âge.

Cette maison a, au rez-de-chaussée, une
porte majestueuse fermée par un linteau de
trois mètres et demi de longueur et accompagnée de deux étroites barbacanes. Chacun des deux étages qui surmontent ce rez-
de-chaussée est percé de quatre fenêtres
géminées à colonnettes sveltes et légères,
dont la grâce unie à la sévérité de la façade, dégagée d'ornements, donnent un
aspect extrêmement harmonieux à l'édifice.

La maison de Saint-Gilles, comme toutes les constructions romanes, est d'un
style grandiose et rigide. Elle fut érigée
au douzième siècle, et, comme en n'en
trouve guère de la même époque qu'à
Cluny, elle emprunte, ainsi que la basilique, un charme suprême à la couleur dorée

qu'elle doit aux caresses prestigieuses du
soleil du Midi.

En sortant de Saint-Gilles, je traversai
le Petit-Rhône et entrai en Camargue,
*Caii Marii ager*, espèce de petite Néerlande qui a aussi ses polders, où bondis-
sent des troupeaux échevelés de chevaux
et de taureaux sauvages ; fertile *delta* où
l'on ne trouve pas un caillou, tandis que la
Crau, sa voisine, en est couverte. Cette
terre fertile, conquise sur la mer, est peu
habitée ; car on n'y rencontre que quelques
*mas*, où vivent d'industrieux fermiers, et
l'unique ville des Saintes-Maries, fondée,
selon la tradition, par Marie Jacobé, mère
de saint Jacques le Mineur et Marie Sa-
lomé, mère de saint Jacques le Majeur, accompagnées de leur servante Sara et de
l'évangéliste saint Jean.

A mesure que je pénétrais en Provence, je retrouvais les souvenirs de Marius et des barbares. On sait que ces barbares, après avoir exterminé, non loin de
Valence et d'Orange, cent mille hommes
commandés par le consul *Cépion*, tout
chargé de l'or de Toulouse, et par son collègue, Cn. Manlius, s'étaient dirigés vers
l'Espagne. Marius, campé en Provence, y
attendit leur retour. Lorsqu'ils franchirent
les Pyrénées, en rentrant dans les Gaules,
ils se divisèrent en deux branches : les

Cimbres remontèrent vers les Alpes nori-
ques; les Ambro-Teutons suivirent le littoral, traversèrent le Rhône, la Camargue,
et se répandirent dans la Crau, où Eschyle
prétend que Jupiter secourut Hercule.
Leur nombre était si considérable qu'ils
mirent six jours entiers à défiler sous les
palissades du camp des Romains, et lorsqu'ils furent passés, Marius marcha lente-
ment sur leurs traces.

Je laisserai momentanément Marius et
les barbares, que nous retrouverons plus
tard et traverserai Arles sans m'y arrêter.
Je franchis le désert africain de la Crau,
qui a son mirage comme la terre des Pha-
raons, et descendis de wagon à la station
de Miramas, pour me rendre en *boguet* à
Salon, que les noms d'Adam de Craponne,
des Nostradamus et de Suffren recommandent à l'attention. Cette jolie petite ville,
située dans une plaine occupée jadis par
des marais formés par la Touloubre, n'était
qu'un village au commencement du
quinzième siècle. Craponne enrichit ce
pays en y creusant un canal qui porte son
nom et qui se divise en deux branches à
Lamanon, l'une allant à Salon et se jetant
dans l'étang de Berre, l'autre à Arles, où
elle se perd dans le Rhône.

A Salon, un ami vint m'enlever et m'emmena à Charleval, où je m'abandonnai

pendant quelques jours au *far niente* de la
villégiature. Si l'on pouvait trouver le
bonheur hors de soi-même, ce serait dans
cette vallée de Charleval, encadrée par les
deux chaînes du Luberon et des Taillades,
arrosée par les eaux de la Durance et les
canaux de Craponne et de Marseille, que
j'irais le chercher. La Providence semble
avoir traité avec une tendresse toute spéciale cette contrée dont le calme pénètre
l'âme et dont l'air est embaumé par les
parfums des troènes, des pins d'Alep , des
amandiers, du thym et du serpolet. Je
m'arrachais parfois aux voluptés du *far
niente* pour faire des excursions aux environs, et c'est ainsi que je visitai les châteaux de La Tour-d'Aigues, de La Roque-
d'Antheron, de Labarben, l'abbaye de Sylvacane et le Puy de Vernègue.

Le château de La Tour-d'Aigues fut
bâti pour Marguerite de Navarre, la nièce
de celle qui fit les contes, par le baron de
Santal, qui s'en était enamouré. Marguerite n'alla jamais dans ce château, mais on
y trouve en maint endroit son chiffre et
celui du baron avec cette devise : *Satiabor
cum apparuerit.*

Pour aller à Labarben, je passai par
Lambesc, *castrum de Lambrisco*, petite
ville située au pied de la colline de Ber-
thoire qui jouissait du titre de principauté,

et dont la seigneurie appartenait à la
branche de Lorraine-Brionne. L'église contient quelques bons tableaux ; l'hôtel de
ville est assez imposant ; plusieurs maisons
sont grandes et élégantes, parce qu'elles
furent construites pour loger les députés
aux Etats de Provence, qui se tenaient
quelquefois dans cette ville. Le manoir
de Labarden, bâti dans un site pittoresque
sur un rocher qui s'avance entre la Touloubre et le vallon de Moreau, est un des
plus ramarquables de la Provence. Les
nombreux bâtiments qui le composent
s'élèvent les uns au-dessus des autres et
se lient par des remparts qui soutiennent
des terrasses vertigineuses. Des tours
féodales sont placées par intervalles à des
hauteurs inégales. L'une, appelée la tour
Forbin, fut habitée par Palamède de
Forbin qui opéra la réunion de la Provence à la France. Le reste du château
a été construit en différents temps et après
1630, époque où il fut pillé et en partie
démoli à l'occasion des troubles des Cas-
caveoux. Au pied de ce rocher, sur lequel
il est fièrement assis, fleurit, sur les bords
de la Touloubre, un jardin qu'on dirait
dessiné par Le Nôtre et qui a toute la
mélancolie mystérieuse et mythologique
d'un parterre de Versailles.

L'abbaye romane de Sylvacane, où pré-

cha saint Bernard, fut fondée en 1147 par
Raymond des Baux, pour des religieux de
Citeaux de la filiation de Morimond. Elle
est sur les bords de la Durance, non loin
du rocher de Pic-Beraud, où cette rivière
déverse généreusement une partie de ses
eaux dans le canal de Craponne. On y jouit
de la vue du Luberon, qui, par la beauté
sauvage de ses pentes et l'ombre de ses
bois, pourrait être appelé une petite Thes-
salie provençale. Le pays était jadis couvert de forêts où les druides célébraient
leurs mystères : son nom latin de *Sylva
Cana* l'indique suffisamment. Les moines
de l'abbaye commencèrent les défriche-
ments, et il se forma autour d'eux un ha-
meau à l'endroit où s'élève actuellement
le village de *La Roque-d'Antheron*. Raymond des Baux voulut être enseveli dans
l'abbaye qu'il avait fondée ; mais son mausolée fut détruit par les religionnaires durant les troubles de la Réforme. L'église a
été achetée par l'Etat ; le cloître, le réfectoire et la salle capitulaire appartiennent à
un propriétaire cultivateur qui les a fait
transformer en écuries et en greniers.

Chapelle et Bachaumont me précédèrent
en 1656 dans ce pays; Lefranc de Pom-
pignan en 1740. Je fus frappé, en relisant
leurs relations de voyage, de leur igno-
rance, ou tout au moins de leur indiffé-

rence, en matière archéologique. Je voudrais rendre la mienne plus attrayante que la leur ; mais je crains bien, en me bornant à ne raconter que ce que j'ai vu, de tomber dans la froideur.

Ma plus attrayante excursion autour de Charleval est incontestablement celle du Puy de Vernègue, qu'habitèrent les Romains et les Sarrasins, et où on a retrouvé des tombeaux antiques. Vers la fin du moyen âge, un château féodal, dont les vestiges couronnent le faîte de la montagne, fut abandonné par les seigneurs qui en construisirent dans la plaine un autre qu'on appelle la Maison-Basse. A quelques pas de cette habitation surgit un temple corinthien qui avait quatre colonnes de face et un *pronaos*. Ce pronaos, presque aussi étendu que le sanctuaire, était formé par une colonne en retour sur chaque flanc, et une autre liée à la *cella* par un mur qui remplaçait un troisième entrecolonnement. Il n'existe plus que le mur latéral de gauche, l'ante qui le termine et la colonne latérale qui suit. La façade entière, le flanc droit et la colonne en retour du même côté n'ont pas résisté aux outrages du temps. Tout le soubassement est conservé avec sa base et sa corniche. La colonne est cannelée, l'ante unie et les chapiteaux sont admirables. Les

bases, composées de deux tores séparés
par une étroite scotie, n'ont pas de plinthe
et portent sur un socle continu. Les canne-
lures qui s'étendent sur leur ample cavet
vont s'arrêter carrément à peu de distance
de l'astragale orné de perles. L'architrave
est la seule partie de l'entablement dont le
temps ait respecté quelques fragments,
car la frise et la corniche ont été enlevées.
Un joli autel carré, où l'on reconnaît encore, malgré bien des profanations, les
quatre figures de Jupiter, Neptune, Mer-
cure et Minerve, frappa mes regards.

On arrivait à ce temple par un grand es-
calier précédé d'une terrasse en hémicycle,
et il devait se dessiner avec une extrême
élégance sur le penchant de la colline
qu'il occupe, car ses ruines m'ont singulièrement impressionné. La nature était un
habit de gala ; une brise sonore et fraîche
faisait frémir la source et trembler le feuillage des arbres séculaires qui l'entourent,
tandis que le soleil dardait à l'entour ses
javelots de feu et réveillait le démon de
midi. Les souvenirs de la Grèce et de
Rome passèrent comme des météores dans
le ciel de mon imagination, et je vis les
Faunes indolents lutiner les Nymphes au
pied furtif dans les grands bois où chan-
taient les rossignols et où les fauvettes
contaient en pleurant leurs langueurs. Ces

apparitions mythologiques s'évanouirent cependant lorsque j'aperçus, appuyée au flanc septentrional du temple païen, une chapelle dédiée à saint Césaire, et alors seulement je me rappelai que ce temple avait été converti en église chrétienne vers le dixième siècle.

Ce temple, à peu près inconnu, n'est pas encore recommandé par les chroniqueurs du sport; on n'y rencontre ni Turcaret, ni Léandre, ni Célimène, ni Aspasie, nul de ces pèlerins élégants et blasés qui, par pur dilettantisme, s'en vont au loin chercher l'émotion et l'aventure ; aussi jugez de ma surprise lorsque, au moment où j'allais me retirer, je vis arriver un jeune couple, faisant à coup sûr son voyage de lune de miel, la carte de Tendre à la main. La jeune femme portait sur sa joue en fleur les roses de l'amour, le jeune homme semblait chanter le Cantique des cantiques en donnant fièrement le bras à cette splendide créature, plus belle qu'une grappe de Chypre cueillie dans les vignes d'Engaddi.

— Si ces deux êtres n'ont pas le bonheur, il n'existe pas ici-bas, dis-je à mon ami en remontant en voiture pour rentrer à Charleval.

Lorsque je quittai Charleval, je me rendis à Aix, en passant par Rognes, dont l'église paraît avoir appartenu aux Templiers, et dont le vieux château délabré, appelé *lou Foussa*, couronne le sommet d'une colline, au pied de laquelle le village est couché.

Quelques diligences perpétuent encore les traditions du pittoresque que les chemins de fer tendent à faire disparaître. La diligence indolente, faisant l'école buissonnière le long des routes, a des charmes inexprimables. J'aime le bruit strident des grelots des chevaux, mêlé aux éclatantes fanfares du cornet du conducteur et à la voix narquoise des postillons, gouaillant les commères et les badauds épanouis sur les portes des villages que la voiture traverse.

La diligence qui me transporta de Charleval à Aix contenait, — à l'instar de l'arche de Noé, — plus de bêtes que de gens. Le destin me plaça dans un compartiment avec un bon bourgeois et sa femme. Le mari avait l'air d'un pâté de foie gras, et la femme était longue, large et plate comme l'épée de Charlemagne. Ces deux êtres respectables connaissaient tout le monde sur la route et en étaient connus ; aussi me rendirent-ils témoin de scènes bizarres qui me firent paraître le trajet moins long.

En arrivant à Aix, fondé par le proconsul Caïus Sextius Calvinus, je consacrai ma première visite à la cathédrale, dont la tour octogone ne manque pas d'élégance. La façade est sans caractère, mais les portes, qui datent de 1508, jouissent d'une réputation légitime. Les quatre vertus théologales et les douze apôtres y sont sculptés en grand relief dans le style opulent et transitoire de l'art gothique à celui de la Renaissance. Les sculptures sont surmontées de dais gothiques, garnis de clochetons délicats et de chardons frisés. A côté, des pilastres corinthiens, chargés de rinceaux, séparent les figures et les isolent les unes des autres. Ces portes sont très-bien conservées, grâce à un volet qui les recouvre et que le suisse n'ouvre qu'aux jours de fêtes carillonnées ou à la demande des curieux.

Cette cathédrale, dédiée à saint Sauveur et bâtie sur la *cella* d'un temple d'Apollon, date du onzième siècle; mais, par des agrandissements successifs, cette première église est devenue une nef collatérale de celle d'aujourd'hui, qui ne remonte qu'au quatorzième siècle, tandis que le collatéral de gauche fut seulement construit sous le règne de Louis XIV.

Quatre choses m'ont frappé dans cette église : le monument élevé en l'honneur de Fabri de Pieresc, la chapelle Saint-Mitre, le Buisson Ardent et le Baptistère.

Les sculptures de la crédence du monument de Fabri, dues au ciseau de Chastel, sont surmontées d'un groupe de marbre représentant deux lions que le roi René avait fait placer sous son trône. Au-dessus de l'autel de saint Mitre, qui porta sa tête à la main, comme saint Denis après sa décapitation, on a placé un beau sarcophage, décoré d'un bas-relief du Bas-Empire, représentant Jésus-Christ prêchant sur la montagne et ayant à ses pieds saint Joseph et Marie, tandis que les douze apôtres se déroulent dans toute la longueur du bas-relief. Le fameux tableau du *Buisson Ardent*, attribué au roi René, mais que je croirais plus volontiers d'un élève de Jean de Bruges, est couvert de deux volets : celui de gauche représente, à l'intérieur, René, et celui de droite, Jeanne de Laval, sa seconde femme, tous les deux à genoux et entourés de saints ; à l'extérieur, la Vierge à droite et l'ange à gauche, en grisaille. Le Baptistère, formé de huit magnifiques colonnes antiques, de marbre et de granit, du meilleur style, est malheureusement couronné d'une lourde coupole moderne.

Une fantaisie bizarrement effrénée présida à la construction du petit cloître dépendant de cette église, que j'ai attentivement étudié. La voûte et les arcades sont romanes ; les chapiteaux affectent tous les caractères du douzième siècle. Les colonnettes octogones, cannelées, nattées, torses, en croix, chargées d'ornements fantastiques, sont sculptées avec tous les caprices d'une imagination inépuisable.

L'église Saint-Jean, ancien prieuré de l'ordre de Malte, construite par Raymond-Bérenger IV, en 1231, renferme le magnifique tombeau des comtes de Provence. La flèche en pierre de cette église passe pour une des plus remarquables du midi de la France.

Le musée possède une assez belle collection d'antiquités, inscriptions, mosaïques, sculptures, bronzes 'et plusieurs tableaux médiocres qui ne valent pas l'honneur d'être nommés ; mais je recommande aux visiteurs une peinture, attribuée à Albert Durer, qui se trouve dans la sacristie de l'église de la Madeleine. C'est une *Annonciation* dont la pensée est singulière.

Les indigènes ne me pardonneraient pas de quitter la ville des biscotins et des callissons sans signaler une belle porte de la Renaissance, voisine de la cathédrale ; la tour de César ou de la Caïrie, dont l'étage inférieur est carré et le supérieur octogone ; et enfin la statue du bon roi René, qui s'élève sur le Cours. Il est représenté tenant à la main une grappe de raisin muscat, dont il introduisit la culture en France.

Un touriste plus fervent et plus sincèrement épris de ruines historiques serait allé sur la colline d'Entremont, qui domine les vallées d'Aix et de Puyricard, où les antiquaires prétendent que s'élevait la ville des Salyens, détruite par Sextius Calvinus ; mais le désir de visiter Pourrières me fit négliger ce pèlerinage.

J'ai déjà dit que lorsque les barbares eurent défilé devant le camp de Marius, le général romain marcha sur leurs traces. Les Ambro-Teutons éprouvèrent un premier échec à Miramas, et, la difficulté des vivres se faisant parmi eux, ils envoyèrent un détachement le long de la Touloubre, tandis que le gros de la horde descendit vers l'embouchure de l'Arc, qu'elle remonta jusqu'à Aix. Ce détachement fut attaqué près du Puy-de-Vernègue et exterminé aux environs de Malemort. Pendant ce temps, la horde essuyait un échec considérable au *Baou* de Marius, près de Ventabren, *commune du canton de Berre*, où subsistent les débris du camp romain, dans une plaine située le long de l'Arc, appelée le *Plan d'Aillane*.

Tandis que ses lieutenants obtenaient ces succès partiels, Marius campait sur la

rive droite de l'Arc. Le lieu qu'occupait
son camp, connu depuis lors sous le nom
de *campi putridi*, — d'où le village de
Pourrières a pris le sien, — est situé entre
la montagne Sainte-Victoire et celle de
Saint-Maximin, et à peu de distance de
Trets. Marius y extermina les Ambro-Teutons. Le plus grand massacre eut lieu sur
les bords de l'Arc, aux environs de la
Grande et de la Petite-Pugère. Après la
victoire, les Romains élevèrent un monument dont on montre quelques vestiges
dans le pays. On m'a assuré qu'il existait,
il y a encore quelques années, une tapis-
serie du quinzième siècle reproduisant
la forme de ce monument. Il consistait en
une haute pyramide, ornée à sa base d'un
bas-relief, dans lequel on distinguait trois
soldats romains portant sur leurs épaules
un grand bouclier sur lequel était un général debout. Ce monument composait les
armoiries de Pourrières, qui motivèrent cet
ironique dicton : « C'est comme les armes
de Pourrières, où trois hommes portent
une tuile, » c'est-à-dire font beaucoup de
bruit pour rien, *much ado about nothing*.

On érigea, en outre, un temple à la Victoire, au pied du versant septentrional de
la montagne, qui s'appela depuis *Mons
Victoriæ*, et plus tard Sainte-Victoire. On
trouve aux environs de Vauvenargues des

traces de ce temple, près d'une ferme nommée *Delubré*, mot provençal synonyme de temple, dérivé du latin *delubrum*.

La formidable bataille des *campi putridi*, où plus de cent mille barbares furent exterminés, a laissé d'impérissables souvenirs en Provence, où *Marius* est encore populaire après deux mille ans. La mémoire de la Syrienne Martha, sa sibylle familière, s'est aussi perpétuée chez les Provençaux qui, d'après quelques étymologistes, auraient donné son nom à l'étang et à la ville des Martigues, — cette petite Venise de la Provence. Longtemps après ce désastre, les habitants du pays étaient dans l'usage d'enclore leurs champs avec les ossements des barbares, et le sol, engraissé par cette prodigieuse hécatombe, se faisait remarquer par une fertilité singulière.

Je ne renouvelle ni le *Sentimental Travel* de Sterne, ni les *Reisebilder* de Henri Heine; je fais une tournée archéologique d'où la fantaisie est exclue; je dis sincèrement ce qui a touché mon cœur, amusé mon esprit, frappé mon imagination dans les œuvres de Dieu et dans celles des hommes. Aussi *suis-je certain* qu'on ne me pardonnerait pas d'oublier de donner mes impressions sur le fameux pont-canal de Roquefavour, que j'ai vu dans le voisinage d'Aix. Il est plus imposant et plus gran-

diose que celui du Gard, devant lequel se
pâma Jean-Jacques. Le pont du Gard a
47 mètres 50 centimètres de hauteur sur
273 de longueur; celui de Roquefavour en
a 400 de longueur sur plus de 80 de hauteur.

J'allai de Pourrières, — qui est déjà dans
le Var, — à la Sainte-Baume et à Saint-
Maximin. La Sainte-Baume, —Thabor de
Marie-Madeleine, — est une montagne
abrupte, située dans le voisinage de Nans,
dans l'arrondissement et à vingt-six kilomètres de Brignoles. La pécheresse de
Magdala y passa trente ans dans la pénitence. On voit la grotte où elle priait, et à
gauche de cette grotte, sur la saillie la plus
élevée de la montagne, le point marqué par
la tradition comme celui où elle était chaque jour enlevée sept fois par les anges et
ravie en extase, pour entendre ce que saint
Paul déclare avoir entendu sans pouvoir
l'exprimer. Ce point est consacré par la
chapelle du Saint-Pilon.

La pénitente de Béthanie, qui oignit deux
fois de nard le divin maître, plane sur toute
l'Eglise de Provence, comme la souveraine
de l'apostolat qui l'a fondée et qui se composait, — en dehors d'elle, — de Lazare,
de Marthe, de saint Trophime et de saint
Maximin.

Pendant que Madeleine vivait dans la

pénitence dans les solitudes de la Sainte-Baume, Maximin fonda un oratoire dans la plaine voisine, qui porte son nom et qui s'étend entre le mont Aurélien, la montagne Sainte-Victoire et les rochers de la Sainte-Baume.

Lorsque la grande pénitente sentit sa fin prochaine, elle alla trouver Maximin, le compagnon privilégié de son pèlerinage, qui l'ensevelit lorsqu'elle se fut endormie dans le sein de Dieu.

Les fidèles vénèrent aujourd'hui les reliques de ces deux saints dans la basilique de Saint-Maximin, construite au treizième siècle par Charles II, roi de Naples et comte de Provence.

Lorsqu'on a dépassé la station de Roquefavour, on traverse le long tunnel de la Nerthe, on longe les étangs de Berre et des Martigues, et on arrive dans une grande ville, fondée jadis par les Phocéens, où Chichois mange la bouillabaisse et l'aïoli. L'archéologue n'y trouve pas à satisfaire ses appétits investigateurs, car, sauf les églises Saint-Victor et de la Major, le clocher des Accoules, Notre-Dame de la Garde et un assez médiocre musée où j'ai remarqué la jolie *Liseuse* du peintre toulousain François de Troy, il n'y a à voir que des fabriques et des comptoirs. Cette ville est Marseille, surnommée la *Tyr moderne*.

Comme le dieu du commerce et de l'in-
dustrie n'a malheureusement pas présidé
à ma naissance, je suis peu sensible aux
merveilles industrielles et commerciales de
cette ville, et je la quitte sans regret, en
avouant naïvement mes préférences pour
Arles, où je me rends sans transition, car
elle mérite à bon escient l'attention des historiens, l'intérêt des antiquaires et les
prédilections passionnées des touristes.

Arles, *Gallula Roma Arelas*, capitale
des Gaules sous la domination romaine,
métropole du christianisme naissant, qu'illustrèrent les vertus de ses évêques et
treize conciles, dont le premier fut tenu en
314 et le dernier en 1264, s'élève sur un
des trois mamelons qui coupent seuls l'uni-
formité de la vaste plaine renfermée entre la chaîne des Alpines et le littoral de
la Méditerranée. Elle fut chère à Constance, qui l'habita avec sa femme *Fausta*,
fille de Maximin Hercule, assassiné à Tor-
tone, et elle passa sous la domination des
Wisigoths, des Sarrasins et des Francs.
Charles le Chauve ayant démembré ses
Etats, on la voit devenir la capitale d'un
royaume qui *subsista pendant deux siècles*
et demi, sous onze rois, et passer ensuite
sous l'autorité de consuls. Quatre-vingts
ans s'écoulèrent dans des alternatives de
république et de royauté, jusqu'en 1220,

époque où le podestat fut établi. Cent qua-
rante-quatre années d'agitations et de
réactions la font tomber sous le joug des
comtes de Provence, rois de Naples, de
Sicile et de Jérusalem, et, peu de temps
après, Louis XI, en sa qualité d'héritier de
Charles III, prit à son tour le titre de
comte de Provence, que portèrent ses successeurs, et réunit Arles à la monarchie.

Je cherchai les armes de cette intéressante cité et je trouvai qu'elles étaient en
enquerre, c'est-à-dire d'argent, à un lion
accroupi, avec cette devise: *Ab irâ leonis.*
J'ai, en outre, trouvé deux villes bien distinctes dans Arles: la ville païenne et la
ville chrétienne; deux spectres, victimes
des outrages des hommes et des injures du
temps. *Ditior Arelas sepulta quàm viva.*

Tout voyageur qui se respecte descend
à Arles dans l'un des deux hôtels de la
place des Hommes, qui occupe l'emplacement de l'ancien Forum. Les deux colonnes de granit — soutenant une moitié de
fronton corinthien — qui sont adossées à la
façade de l'*hôtel du Nord:* le monument
des caves et de la grande cour du collége,
qui appartenait jadis aux Jésuites et qui
paraît avoir fait partie d'une basilique
romaine; l'église Notre-Dame de la Minerve, devenue plus tard paroisse Saint-
Louis, érigée sur les substructions d'un

édifice consacre à Minerve et des fragments
de constructions latines, — que l'on peut
reconnaître et visiter dans les souterrains
qui avoisinent cette place des Hommes, la
rue de la Paix et l'église des Jésuites, —
voilà tout ce qui reste du Forum arlésien.

Si, en sortant de la place des Hommes,
on se dirigeait vers le Plan de la Cour,
et si l'on traversait l'hôtel de ville, on
déboucherait sur la place royale, autour
de laquelle se trouvent un obélisque sans
inscription qui peut servir de *gnomon;*
l'église Saint-Trophime, l'hôtel de ville,
les restes de l'ancien Palais de la Cour
royale transformé en prison; le Musée lapidaire et le Palais archiépiscopal, rarement habité, parce qu'Arles n'ayant pas
d'archevêché spécial, depuis la Révolution,
le prélat actuel est à la fois archevêque
d'Aix, d'Arles et d'Embrun, et qu'il réside
habituellement dans la première de ces villes.

J'ouvre une parenthèse pour avouer que
depuis mon départ de Marseille j'étais devenu la proie d'un Anglais qui logeait avec
moi à l'*hôtel d'Orient* et qui avait, je
crois, juré de me faire mourir d'ennui, car
il me fut impossible de me débarrasser de
lui. Physiquement, il était gauche et
guindé comme le *bradypus didactylus*
de Surinam, que je vis dans le temps au

Jardin zoologique d'Amsterdam ; moralement, il portait dans les poches de son waterproof le Guide de Murray et le Livret-Chaix, *qu'il n'ouvrait que pour s'édifier* sur les heures du départ des trains et sur le nom des hôtels recommandés.

Les Anglais ne voyagent pas par plaisir, mais par vanité. Ils tiennent moins à voir qu'à avoir vu, et manquent généralement de sincérité dans leurs goûts artistiques. Mon compagnon passait avec indifférence devant ce qui me charmait. Lorsque quelque chose lui plaisait par hasard, il laissait échapper un petit grognement monosyllabique et pour ainsi dire mécanique, qui m'agaçait dans le principe, mais avec lequel je finis par me familiariser, grâce à ma philosophie cosmopolite, quoique mon humeur gallo-romaine ne s'accommodât guère de son spleen anglo-saxon. Je ne saurais exprimer la répugnance qu'il m'inspira, lorsque je m'aperçus qu'il ne comprenait rien aux beautés architectoniques de l'église Saint-Trophime, qui, d'après les conjectures plausibles de quelques érudits, fut bâtie sur les substructions du Prétoire des Gaules. La façade, — moins imposante et moins riche que celle de l'église de Saint-Gilles, — reproduit symboliquement les principaux dogmes du christianisme et date, dit-on, *de l'année* 1154.

La porte est une ogive arrondie de l'é-
poque de transition, et la tour romane.

Au-dessus du tympan rayonne le Jugement dernier. Des anges sonnent de la
trompette pour appeler les nations autour
du trône de l'Eternel. Jésus-Christ est entouré de l'ange, du lion, de l'aigle et du
bœuf, symboles des quatre évangélistes,
qui lui présentent les livres sacrés de la foi.
La grande arcade circulaire est formée de
plusieurs bandes, dit M. Estrangin, dans
un livre auquel j'emprunte ces détails. Sur
la plus élevée, des anges groupés prient le
Seigneur et chantent ses louanges. La frise
reproduit aussi des scènes du Jugement
dernier. Les apôtres sont assis au milieu,
les Evangiles à la main, ayant les bienheu-
reux à gauche et les réprouvés à droite.
Saint Pierre, saint Jean l'évangéliste, saint
Trophime, saint Barthélemy, gardent le
côté droit de la porte ; saint Paul, saint
André, saint Etienne, saint Jacques et
saint Philippe, le côté gauche. Des méan-
dres, des vagues, des lions et des animaux
fantastiques, emblèmes des démons, des
péchés capitaux, des schismes, des héré-
sies, que terrassèrent les Pères de l'Eglise.
s'épanouissent sur le portail; mais le plus
curieux bas-relief, au point de vue historique, est la psychostasie ou la pesée des
âmes, antique tradition empruntée à l'E-

gypte, où je l'ai souvent trouvée sur les granits pharaoniques. L'archange saint Michel tient une balance, dont l'un des plateaux renferme le *Bien*, symbolisé par l'âme spirituelle, et l'autre le *Mal*, symbolisé par un animal difforme et monstrueux, image du péché. Ce sujet, d'ailleurs assez rare, se retrouve à Notre-Dame de Paris et sur le portail de la petite église de Grisolles.

L'intérieur de Saint-Trophime, quoique intéressant, n'aura rien de moi, car je me réserve pour le cloître, qui est considéré comme une des merveilles du genre. Deux galeries sont en plein cintre et deux en ogive. Toutes les arcades sont soutenues par des colonnes doublées, alternant avec des piliers larges et bas dans la partie gothique, tandis que dans la partie romane, elles ne se représentent que de trois en trois colonnes.

A côté de l'église s'élève assez majestueusement l'hôtel de ville, solennelle mais froide construction du dix-septième siècle, dans laquelle est encadrée une tour bâtie au seizième sur le modèle d'un monument romain de Saint-Remy, dont je parlerai tantôt. Je laisse l'Anglais se pâmer d'aise devant l'insignifiante statue de bronze qui couronne cette tour, et je conduis le lecteur au Musée lapidaire.

Pourrai-je faire partager l'ivresse des heures ineffables que j'y passai dans la contemplation des chefs-d'œuvre qu'il renferme? Je ne l'essaierai pas ; car devant les merveilles de l'art, comme en présence des splendeurs de la nature, on est plus ému qu'éloquent, et d'ailleurs *ce que nous avons de divin dans le cœur n'en sort jamais.* Je me résigne donc à une froide nomenclature.

La Vénus arlésienne, qu'on voit au Louvre, restaurée par Girardon, y fait regretter son absence ; mais je m'en consolai en admirant les belles têtes iconiques d'Auguste et de Livie ; la colonne milliaire que le préfet Auxiliaris fit placer à Arles, sous le règne de Théodose ou de Valentinien, sur la voie romaine qui allait de Rome à Cadix ; les quatre belles statues de danseuses ou de muses ; le ravissant bas-relief d'Apollon et Marsyas, et le Mithra.

Le Mithra est un torse étreint par un serpent, emblème de la spirale que, d'après le système antique, le soleil ne cesse de décrire autour de la terre en parcourant les signes du zodiaque. Les douze constellations zodiacales étaient sculptées dans les compartiments que forment les spirales du serpent. Ce marbre, unique en France, date probablement du quatrième, peut-être du cinquième siècle, de l'époque où Julien l'Apostat introduisit le culte des superstitions orientales dans les Gaules. Il m'a rappelé un bas-relief de la même époque que j'ai vu, il n'y a pas longtemps, en Vivarais, aux portes de Bourg-Saint-Andéol, sur les bords de la fontaine de la Tourne. Les érudits ne sont pas d'accord sur le sujet que représente ce bas-relief fruste, sculpté sur un rocher. Les uns ont cru y voir une Diane chassant le cerf, d'autres un monument consacré à Mithra, emblème du soleil, de la fécondité et de la force génératrice des êtres, dont les temples étaient toujours placés près des fontaines. Cette seconde conjecture paraît plus probable que la première, car, en le considérant attentivement, on distingue, coiffé du lidaris et vêtu d'une chlamyde, un éphèbe qui sacrifie un taureau qu'un chien mord au cou et un scorpion aux parties génitales. En haut, sur la droite, on voit le soleil ; à gauche, la lune, et au-dessus de l'épaule du sacrificateur, un oiseau qui doit être un ibis ou un épervier. Toutes ces figures, empruntées pour la plupart aux constellations zodiacales, sont autant d'hiéroglyphes parlant un langage allégorique à la divinité mithriaque, dont le culte s'était répandu dans la Gaule narbonnaise, après les règnes de Trajan et de Commode qui l'avait fait fleurir à Rome.

J'en ai fini avec l'énumération des cu-

riosités réunies autour de la place Royale.
En quittant cette place et en montant la
rue de la Calade jusqu'à l'angle des rues de
Cays et de la Miséricorde, on trouve, près
de l'ancien cloître des Cordeliers, le théâtre antique d'Auguste et de Livie, édifié au
siècle d'Auguste et réparé pendant celui.
de Constantin. Dans l'état de délabrement
où il se trouve, ce n'est guère que par la
pensée qu'on peut se faire une idée de la
scène, du proscénium, du pulpitum, où se
plaçaient les chœurs, des gradins sur les-
quels frémissaient les spectateurs, du para-
scénium où s'habillaient les acteurs, des
portiques, de l'orchestre destiné aux siéges
des sénateurs, et des vomitoires.

L'Amphithéâtre, voisin du Théâtre, est
plus grand que celui de Fréjus, et par
conséquent le plus vaste que nous ayons
en France. M. Estrangin attribue sa construction à Jules César, lorsqu'il occupa la
cité d'Arles et la transforma en colonie romaine : *Colonia Julia Paterna Arela-
tensis*. Il est plus grandiose et plus élégant que les Arènes de Nîmes, mais dans
un état moins satisfaisant de conservation.

Je m'évertue à ne pas commettre d'omis-
sion à l'endroit d'Arles ; aussi citerai-je,
au risque d'être prolixe, l'église de la Major, *ecclesia major*, dont l'intérieur est
roman, mais dont la façade fut construite

au seizième siécle ; la tour des Mourgues et
les restes de l'abbaye Saint-Césaire qu'on
trouve dans la rue Saint-Paul ; les églises
Saint-Jean-de-Moustier, contemporaine de
la première invasion des Sarrasins ; Saint-
Julien, grecque à l'extérieur et gothique à
l'intérieur ; Sainte-Agathe et Saint-Blaise;
l'Hôtel-Dieu-Saint-Esprit, l'hôpital Saint-
Lazare et le collége des Jésuites, qui ne
méritent pourtant guère l'honneur d'être
cités. J'allais oublier le palais de *Constantin*, avec les débris duquel fut construit, au
moyen âge, le château démantelé de la
Trouille, qui languit morne et abandonné,
dans une rue étroite, sur les bords du
Rhône.

J'assistai, un dimanche, à une course de
taureaux dans l'Amphithéâtre, où grouil-
lait la fleur des pois des belles Arlésiennes.
Après la course, elles allèrent parader,
dans leurs brillants affiquets, sur la prome-
nade de la Lice. Je n'en suis pas à apprendre
au lecteur que leur beauté est proverbiale,
tandis que les hommes y jouissent d'une
valeur plastique fort contestable, puisqu'on
dit en Provence : « Les femmes d'Arles et
les hommes de Tarascon. » La beauté des
Arlésiennes consiste moins dans la régu-
larité des traits que dans la splendeur du
teint, auquel l'influence marécageuse de la
contrée donne la transparence des hyacin-

thes, des glaïeuls, des nénuphars, que dore
un soleil tropical et qu'éclairent des yeux
ioniens et sarrasins, enivrants comme des
philtres et profonds comme la mer.

Dans le voisinage de la Lice s'étend la
nécropole d'Arles, la seule que l'antiquité
nous ait transmise; je veux parler des
Aliscamps, *Elisei campi*. Ces Champs-
Elysées, cités par Dante et Arioste, étaient
célèbres avant notre ère, sur les bords du
Rhône. Les villes voisines tenaient à honneur d'y donner la sépulture à leurs morts,
et elles les y faisaient parvenir, par la na-
vigation du fleuve, dans des urnes cinérai-
res et des sarcophages. Le christianisme
ne changea rien aux usages païens. Saint
Trophime convertit, par sa bénédiction, la
nécropole gallo-romaine en cimetière chré-
tien, et la religion nouvelle marqua de la
croix d'anciens tombeaux pour les employer
à son usage. Aussi a-t-on quelquefois de la
peine à reconnaître leur origine dans ce
cimetière pagano-chrétien, car les initiales
D. M. peuvent également signifier : *Diis
Manibus* et *Deo Maximo*. Toutefois, les
symboles de la primitive Eglise, tels que
le monogramme du Sauveur, la vigne,
l'arche de Noé, le poisson, la colombe et
l'ancre d'espérance, désignent à l'observa-
teur attentif les sépulcres chrétiens.

On comptait plus de trente édifices reli-

gieux aux Aliscamps, mais la plupart ont
été détruits dans les *guerres* contre les
Sarrasins et les Normands.

L'église Saint-Honorat, connue aussi
sous le vocable plus moderne de Notre-
Dame de Grâce, y fut édifiée sur l'emplacement d'un temple païen. Il ne reste
de cette église, mélange gracieux des arts
byzantin et gothique et l'un des plus anciens monuments du *christianisme dans
les Gaules*, qu'une nef romane et une
tour octogone percée d'arcades cintrées,
ornée de colonnes corinthiennes et de pilastres cannelés. Saint-Pierre-des-Alis-
camps s'étale sur les substructions d'un
temple de Mars. La chapelle du Duel, que
le vainqueur avait mise sous l'invocation
de saint Accurse, *patron du vainou*, et
qui fut plus tard dédiée à Notre-Dame-de-
Miséricorde, est adossée aux vestiges du
monastère de femmes fondé par saint Césaire, transporté ultérieurement dans l'intérieur de la ville, où je l'ai signalé, rue
Saint-Paul, à côté de la tour des Mourgues. Il ne subsiste de l'établissement pri-
mitif fondé par saint *Césaire* aux Aliscamps
qu'une arcade circulaire chargée à son archivolte d'un rang d'étoiles et de fleurs
gothiques. La petite chapelle, fondée au
quinzième siècle par les Porcelets, est un
témoignage de la puissance de cette illus-

muniquant avec le territoire d'Arles au
moyen d'une chaussée, on trouve une
*église souterraine du cinquième siècle*, où
saint Trophime aurait dit la messe, et une
grotte creusée dans le roc, comme le reste
de l'édifice, y porte le nom de *confessionnal
de Saint-Trophime*. L'Anglais obsédant
me dit qu's'il possédait une grotte semblable
dans ses propriétés du Chestershire, il la
transformerait en cave à fromage ou en
glacière. Voilà ce qui s'appelle savoir tirer
parti des choses.

Puisqu'il s'agit de confessionnal, je con-
fesserai en toute sincérité que la montagne
de Cordes, qu'on aperçoit de Montmajour,
n'étant pas venue à moi, je m'obstinai à
ne point aller à elle. L'analogie de son
nom avec celui de Cordoue, capitale des
Maures d'Espagne, a fait penser qu'elle le
devait aux Sarrasins; car son plateau passe
pour leur avoir servi de place d'armes
lorsqu'ils ravagèrent Arles et ses environs.
Cette montagne, hérissée de rochers très-
escarpés au nord et à l'est, n'est accessible
que par le côté sud. Aussi voit-on de ce
côté-là les débris d'une muraille, qui se
prolongeait sur tout le flanc, et va aboutir
aux escarpements naturels qui la rendent
inattaquable sur tous les autres points.
Les gens de la contrée m'ont assuré qu'on
trouve, au sommet, une caverne, taillée

probablement aux époques druidiques,
qu'on appelle la *grotte des Fées*.

Cette contrée, tant remuée et hantée par
de si mystérieux souvenirs, m'émut singulièrement. L'aspect d'un pays se note
dans mon esprit comme une harmonie mu-
sicale, et à cette impression physique
s'adapte une émotion morale, soit mélancolique, soit gaie, selon l'état de la nature
extérieure. Je suis très-vivement impressionné par toutes les manifestations, par
tous les changements à vue qui s'y opèrent:
les variations de perspective, les mouvements de terrain, la course et la fantasma-
gorie des nuages, la forme et la couleur
des flots et des végétations; mais tout cela
*est dominé par une préoccupation perpé-
tuelle des rapports du monde extérieur
avec les destinées humaines dont il a été le
théâtre.* L'excitation, la violence produite
sur mon esprit par les souvenirs historiques ou légendaires qui se rattachent à
certains lieux, impriment un tel ébranle-
ment à mon imagination que le théâtre où
se sont passés tous ces faits semble grandir
en raison même de la gloire des acteurs. Je
cherche toujours et partout l'homme, — le
héros de la nature, — laquelle perd tous
ses charmes dès que je n'y trouve pas la
présence ou le souvenir de celui qui l'a-
nime. Je poursuis, en un mot, cette émo-

4

tion morale que produit en nous ce que l'on pourrait appeler les phénomènes dramatiques de la nature. Voilà pourquoi la contrée que je parcours a tant d'attraits à mes yeux.

Ami lecteur, laissez-moi maintenant emprunter la baguette des fées de la montagne de Cordes pour vous transporter *comme par enchantement* à Tarascon, dont la cathédrale, dédiée à sainte Marthe, le château du roi René et la Tarasque ne sont point à dédaigner.

Il est traditionnel à Tarascon que Marthe, accompagnée de sa servante Marcelle, alla dans cette ville, où elle apporta le flambeau de la foi et dompta la Tarasque, monstrueux dragon qui ravageait la contrée. Une vieille femme, cupide et maussade, me conduisit dans une grange sombre, et m'y fit l'exhibition d'un atroce mannequin, mélange de saurien gigantesque et de merlan colossal; — c'était la Tarasque (1).

Si je regrettai de m'être arrêté à Tarascon pour y voir l'effigie de la Tarasque, je fus amplement dédommagé de cette mysti-

---

(1) La Tarasque est une superstition inspirée par le même sentiment de terreur qui faisait qu'on vénérait la Gargouille à Rouen, le Graouilli à Metz, et la Grand'Goule, qui se portait processionnellement à Poitiers, aux Rogations, en criant: « Bonne sainte Vermine, priez pour nous! »

fication par la vue du château, commencé
en 1400 par Louis II, achevé par le roi
René, qui l'habita et y donna des fêtes magnifiques. C'est un carré d'une grande
élévation, ayant du côté de la ville deux
belles tours rondes, et du côté du Rhône
deux tours carrées irrégulières. Une enceinte plus basse, flanquée d'autres tours
carrées, s'étend vers le nord. Ce séjour
royal est devenu une prison, et dans cette
triste métamorphose, l'intérieur a perdu
ses ornements, mais l'extérieur a gardé sa
majesté.

Les habitants de Tarascon tiennent pour
positif que sainte Marthe mourut dans leur
ville, et montrent avec orgueil ses reliques
dans une crypte placée sous le chœur de la
belle cathédrale du onzième siècle qui lui
est dédiée. Cette église, dont le portail est
richement sculpté, est ornée de bons tableaux de l'école française.

Il n'est archéologue ni touriste qui de
Tarascon n'ait été attiré à Saint-Rémy par
la célébrité de son arc de triomphe et de
son mausolée romains. J'obéis à la fatale
destinée des touristes et des archéologues.

L'arc n'a qu'une arcade, en dehors de
laquelle s'élèvent, de chaque côté, des colonnes cannelées, veuves de leurs chapiteaux. Les huit colonnes sont tronquées à
des hauteurs différentes, suivant la hauteur

correspondante du massif contre lequel elles sont appuyées. Quatre bas-reliefs, chacun de deux figures, sont placés sur les deux faces principales. Des restes de plinthes semblables, sur les petits côtés, annoncent qu'ils avaient une décoration analogue. Les bas-reliefs, composés chacun d'un groupe d'un homme et d'une femme, sont fort endommagés. Les sculptures de la voûte me parurent élégantes, et j'aperçus, dans les tympans des archivoltes, des figures frustes de Victoires, portant des branches de laurier et des étendards, qui répondent à la beauté des groupes.

Le mausolée se compose de trois étages élevés sur un double socle comme un gâteau de Savoie. Le premier étage est massif, carré et orné de quatre bas-reliefs représentant des combats ; le second est encore carré, mais percé à jour par des arcades accompagnées de deux colonnettes corinthiennes. Les pilastres de ces arcades sont tout unis ; l'archivolte est ornée de rinceaux, et la clé de voûte porte une tête de Méduse. La frise se compose de divinités et d'animaux marins, terminés par des rinceaux. L'archivolte septentrionale porte une inscription. L'entablement du second étage soutient un soubassement circulaire, sur lequel s'élève un péristyle de dix élégantes colonnes corinthiennes, formant une espèce de temple à jour, dans lequel sont placées deux statues, et dont l'entablement supporte un petit dôme parabolique imbriqué, qui couronne l'édifice. La frise de l'entablement circulaire de cette rotonde est un rinceau continu de branches d'acanthe. Malgré bien des recherches, on ignore par qui et à qui fut élevé ce monument, dont la sculpture est bien inférieure à celle de l'arc.

Dût-on, en lisant cette interminable nomenclature de choses vues, m'adresser l'interruption de l'Intimé à Petit-Jean, je veux dire que je vis aux environs de Saint-Rémy *les ruines du château de Romanil*, où Ganthelme de Romanil établit, en 1270, une cour d'Amour, qui devint plus tard cour souveraine dans les questions de galanterie, et subsista jusqu'en 1382. Romanil, aujourd'hui réuni à Saint-Rémy, en était avant la *Révolution* un fief séparé.

Enfin, de Saint-Rémy je me rendis aux Baux, dont le nom, à peu près inconnu, réveille peu d'échos dans les fastes de l'histoire classique, mais retentit glorieusement dans les légendes. Si ce nom n'est guère populaire il mérite de le devenir, car, trois fois assiégé, rasé deux fois, le château des Baux a duré onze siècles. J'ai lu dans la *Science des armoiries*, par Palliot, ce passage : « La maison des Baux (de laquelle aucuns ont possédé la principauté d'Orange, par la succession de Guillaume d'Orange, prince pour la moitié de cette principauté, frère de Tiberge d'Orange, femme de Bertrand des Baux, par eux tombée en la maison de Châlons par le mariage de Marie de Baux, fille unique et héritière de Raymond de Baux, cinquième du nom, et de Jeanne de Genève avec Jean de Châlons; puis, enfin, en celle de Nassau par l'alliance de Claude de Châlons avec Henri de Nassau), portait de gueules à une comète à seize raies d'argent, en mémoire de Melchior, l'un des trois rois qui adorèrent Notre-Seigneur, duquel Balthazar, prince de Baux et roi de Tarse, leur prédécesseur, était issu, qui se retira avec sa femme et ses enfants vers l'empereur Théodose Ier, lequel il suivit au voyage qu'il fit à Lyon et s'arrêta en Provence, y fit construire un fort château à trois lieues d'Arles, qu'il appela de son nom des Baux; ce château fut ruiné après les mouvements de l'année 1632. »

Durant les onze siècles de l'existence du château des Baux, ses possesseurs, hommes de guerre et d'amoureuses folies, race vaillante et superbe de héros et d'aventuriers, d'altières et tendres châtelaines, devinrent ducs d'Andrie, de Nardo et d'Urbin; comtes d'Alessano, de Spoletto, d'Avellino, de

Montescagioso, d'Esquillace, de Leccio et
de Campanie ; princes de Tarente et d'O-
range ; barons de Branstoul ; seigneurs de
Meyrargues , Courthezon, Marignane et
autres lieux ; podestats de Milan ; consuls-
podestats de la ville d'Arles, où ils possédaient le Bourg-Neuf, la forteresse de
Trinquetaille et jouissaient du droit de
bourgeoisie ; sénéchaux et capitaines gé-
néraux de Piémont et de Lombardie ;
grands justiciers, grands amiraux du
royaume de Naples. Un de leurs panégy-
ristes dit qu'ils possédaient en Provence
quatre-vingts villes, places fortes ou terres
dites Baussenques, dont l'énumération serait fatigante. Ils portèrent les titres de
comtes de Provence, rois d'Arles, de Vienne,
princes d'Achaïe, comtes de Céphalonie et
de Néophante, empereurs de Constantino-
ple, commandèrent des flottes et des armées,
et firent plus d'une fois pencher la balance
où se pèse la destinée des peuples et des
rois.

Il n'en fallait pas davantage pour éveil-
ler en moi le désir d'aller aux Baux, et
voilà pourquoi je me trouvai à l'extrémité
occidentale d'une espèce d'amphithéâtre
naturel, tangent à un autre amphithéâtre
beaucoup plus vaste, au sommet d'un versant des Alpines, au milieu de ruines frénétiques et désolées, comme celles de ces

villes maudites sur lesquelles s'appesantit
la colère de Dieu.

Quoi qu'en dise Palliot, l'origine de la
ville et du château des Baux est entourée
de mystères, et on ignore si le nom de ses
princes d'ai. e d'un mot grec synonyme de
casque, pa. . qu'on en trouva un dans le
mont qui porte leur cité féodale ; de Balthazar, l'un des trois rois mages ; des Bal-
thes, branche de la famille royale des
Goths, dont Alaric était le chef ; ou simplement du mot ligurien *baou*, qui désigne
tout sommet escarpé. Au milieu de ces in-
certitudes généalogiques, il est constant que,
sans répudier les autres, la descendance du
roi Balthazar est celle qu'ils adoptaient
avec le plus de complaisance, car ils avaient
dans leurs armes l'étoile qui guida les mages. Leur écu portait, d'un côté, un cava-
lier armé d'un bouclier, s'avançant l'épée
haute, symbole d'un caractère altier ; de
l'autre, en champ de gueules, une étoile à
seize rayons d'argent, souvenir de leur fabuleuse origine, brillante image de leur
destinée.

Lecteur, si vous étiez un de ces esprits
exigeants et rigides qui dédaignent les fan-
taisies légendaires et n'acceptent que les
affirmations historiques, vous pourriez
croire presque avec certitude qu'un seigneur de la cour d'Euric, qui assista à la

prise d'Arles par ce prince, et que l'on suppose issu du sang royal, eut pour sa part de conquête la pente méridionale des Alpines appelée *leis baous*, et y bâtit un château où il fixa sa résidence.

L'historique de cette puissante maison me jetterait hors du cadre que je m'impose. Je tiens cependant à constater qu'en fouillant les chroniques provençales, j'ai trouvé un Raymond des Baux, en Palestine, auprès de Raymond V, comte de Toulouse, et que les châtelaines de cette race altière ont joué un rôle aussi important que les châtelains. L'une d'elles, Bérangère, s'éprit d'une passion si forcenée pour Guilhem de Cabestang, qu'elle voulut le posséder sans partage, qu'elle lui fit boire un philtre dont il faillit mourir, et qu'alors il la prit en aversion pour adresser ses hommages à Saurimonde, femme du seigneur de Roussillon, dont j'ai raconté l'étrange aventure. Adeline inspira la muse de Folquet, qui devint plus tard évêque de Marseille et mourut archevêque de Toulouse. Cécile était d'une si grande beauté, que ses contemporains émerveillés la surnommèrent Passe-Rose ; Clarette, que Pierre d'Auvergne chanta, et Alasie, qui fut fiancée à Rambaud de Simiane, dans la salle peinte du château de Meyrargues, brillèrent aux cours d'Amour tenues à Signe en 1270 et en 1275.

J'arrivai aux Baux par des gorges d'un aspect sinistre, en gravissant la montagne par le flanc septentrional, le seul accessible. Je trouvai d'abord une porte où s'attachent des restes de moulures, un chambranle mutilé et des pilastres fendus. Trois portions de rues existent encore : la grande rue, la petite rue et la rue de l'Eglise. Beaucoup de maisons ont des façades élégantes dans le style de la Renaissance et du dix-septième siècle ; mais les fenêtres sont brisées, les toits à moitié détruits, les portes sans serrures. Sur la façade de l'une d'elles, je lus ces mots : *Post tenebras lux*, et contemplai sur une petite place déserte une croix sur un piédestal portant cette inscription : *Stat crux.*

La rue de l'Eglise me conduisit au presbytère, où le curé, quoique malade, me fit courtoisement les honneurs de son temple romano-gothique, dédié à saint Vincent. Cette église, pauvre comme la crèche de Bethléem, a deux nefs, deux chapelles latérales, et, dans le collatéral de droite, une corniche et un arc-doubleau taillé à facettes de manière à former des zigzags ou des dents de scie alternativement en retraite et en saillie.

A côté de l'église s'élève un petit hôtel
où je remarquai des fresques mythologiques et allégoriques assez bien conservées.
Cet hôtel sert aujourd'hui d'école et appartenait autrefois à l'illustre famille arlésienne des Porcelets. Le curé m'y accom-
pagna, et ordonna à un petit garçon
de l'école de me faire l'exhibition des curiosités de la localité, en m'exprimant le
regret de ne pouvoir me servir lui-même
de cicerone.

Nous nous rendîmes d'abord au château,
taillé dans le calcaire, ainsi qu'une partie de la ville. Ce calcaire est si tendre,
qu'il a dû être très-facile à travailler ; mais
comme il se décompose et tombe aisément en efflorescence à l'air, on ne peut pas
imaginer les profils étranges que ces masses formidables ont formés en s'éboulant.
Je parcourus un chaos de salles éventrées,
de corridors aboutissant à des abîmes réa-
lisant les rêves fantastiques de Piranèse et
de Martinn, de chemins de ronde suspendus sur des gouffres vertigineux, de terrasses éboulées couronnées d'une pâle et
tremblante végétation. Vers le nord, une
tour altière, portée par toutes ces ruines,
fend la nue. C'était la tour des Banes,
la tour des fêtes et des guerres. Toute la
circonférence de ce château, dont les ruines grandioses terrifient l'imagination, est

à pic, excepté du côté d'une esplanade appelée place du Château. Entre cette esplanade et le château, je contemplai les fragments épars d'une chapelle dédiée à sainte Catherine, qui dépendait de l'aire féodale des hauts barons et des châtelaines, dont j'évoquai avec complaisance le souvenir. Que d'aimables et terribles fantômes peuplent les solitudes silencieuses et désolées de ce palais morne! que de romanesques et tragiques épisodes ont fait retentir les lambris écroulés de ce splendide manoir!

Heureux l'homme qui a bâti sa maison sur le rocher! dit l'Evangile. Cette parole a été longtemps applicable aux seigneurs des Baux ; mais, en 1630, la colère de Richelieu s'abattit sur eux et démantela leur citadelle. Dix ans plus tard, Louis XIII céda la baronnie aux Grimaldi de Monaco et l'érigea en marquisat. Elle leur resta jusqu'à la Révolution. Sous Louis XIII, la ville était encore, quoique bien déchue, un séjour aimé des seigneurs provençaux ; car, ainsi que je l'ai déjà dit, l'architecture des maisons prouve qu'on y avait construit, à une époque peu reculée, d'élégantes et riches demeures.

Après une minutieuse exploration du château, mon petit cicerone me montra, au bas de la montagne, un intéressant monolithe sur lequel je distinguai une inscrip-

tion latine et trois grandes figures drapées
à la romaine. Les indigènes assurent que
ce bas-relief représente les trois Maries.

D'après une légende, ces saintes femmes,
errantes en Provence, seraient venues aux
Baux demander une hospitalité qui leur aurait été refusée. La légende ajoute qu'une
épidémie se déclara dans la ville inhospitalière et que les habitants, frappés de terreur, cherchant à apaiser la colère des
saintes, auxquelles ils attribuaient cette
calamité, firent exécuter ce bas-relief, auprès duquel on a construit un oratoire.
Depuis lors, les saintes Maries prirent les
Baux sous leur protection. L'Anglais, mon
compagnon de voyage, élevé à l'école ico-
noclaste de lord Elgin, cassa un fragment
du bas-relief, dont il comptait faire cadeau
au British Museum.

Mon zélé cicerone me vanta un autre
bloc, qui porte sculptés à mi-corps une
femme et un homme avec une inscription
indéchiffrable. Il m'affirma, en outre, que
sur la montagne qui s'élève à l'ouest de
celle-ci, au milieu d'un chaos appelé En-
fer par les indigènes, on trouve une grotte,
où les *sagas* locales placent trois fées mal-
faisantes en opposition aux trois Maries.
J'ai tant vu d'excavations, depuis les syringes royales de Biban-el-Molouk et le fu-
nèbre hypogée de Samoun jusqu'à la grotte

de Fingal, que je ne me sentis pas le cou-
rage d'aller explorer celle-ci.

J'aimai mieux contempler à loisir le
spectacle qui se déroulait à ma vue : les
plaines diaprées de la Camargue, que le
Rhône sépare du désert ardent et pierreux
de la Crau (1), la silhouette indécise de la
montagne Sainte-Victoire, et l'azur loin-
tain de la Méditerranée se confondant avec
celui du ciel. La nature ne serait rien sans
les magies que lui prête notre imagination, et je m'aperçois que le ciel, la mer et
les montagnes, en nous rappelant par leur
grandeur à l'inanité de notre destinée,
nous inspirent une admiration attristée.
Autour de moi, le sol, éploré et béant, était
*éclairé par un soleil torride, et brillait*
comme un métal en fusion. A peu de distance, presque à mes pieds, non loin de
Maussane, les eaux glauques d'un étang,
aux meurtrières exhalaisons, étoilaient de
leurs moires argentées l'aridité d'un panorama brûlé, où languit une flore maladive.
Ces spectacles de désolation réveillent les
nostalgies les plus secrètes de l'âme, et j'en-

(1) Une tradition, mentionnée je crois par Eschyle, raconte que Jupiter secourut Hercule dans
la Crau, en lui envoyant une planète réduite en
petits cailloux, pour combattre Alb et Ligur, et
que les débris de cette planète couvrent encore
la plaine.

tendais sourdre des ruines quelque chose
de désespéré, comme la plainte élégiaque
de Job ou la sombre tristesse de Lucrèce.

Tandis que le soleil penchait insensiblement son front pâli dans le ciel embrasé,
un chant doux comme l'amour, navrant
comme la mort, monta jusqu'à moi. J'allai
vers l'endroit d'où partait la dolente chan-
son, et me trouvai au milieu d'un groupe
de femmes à la beauté morne et ténébreuse,
portant au front les perles mortes de la
mélancolie. Celle qui chantait berçait un
enfant sur ses genoux, avec une langueur
indécise entre celle de la souffrance et celle
de la passion. Ses yeux éloquents se levè-
rent vers moi et son regard sembla me dire,
avec le proverbe espagnol : « Lorsque je
naquis, je pleurai ; chaque jour me dit
pourquoi. » C'est une vision qui restera
dans mes souvenirs de voyage, à côté de
celui des belles Tcherkesses que je rencontrai, un jour, jouant de la guzla, dans le
*cimetière de Scutari.*

Le ciel riait à la terre, le printemps ouvrait les calices odorants des fleurs, un esprit de vie était dans l'eau, l'air et les bois.
Cependant *une mystérieuse mélancolie* pla-
nait sur la nature qui m'environnait. Je m'y
associai involontairement, car je trouvais
un grand enseignement dans les ruines de
cette ville et de ce château déserts.

On le voit, je n'ai pu faire un pas dans
le cours de ce voyage sans fouler des ruines, comme nous ne pouvons descendre
dans nos cœurs, — quand sur ses rêves
morts l'âme s'accoude et pleure, — sans y
remuer la poussière de notre jeunesse.
Aussi ai-je bien souvent songé au grand
sultan Salah-Eddyn-Ioussouf, qui faisait
porter devant lui son linceul, en guise d'é-
tendard, tandis qu'un héraut criait au peuple : « Voilà ce que le sultan Saladin em-
portera de ses conquêtes ! »

On ne se lasserait vraiment jamais de
parcourir les contrées du Midi. En quittant les Baux je vagabondai au gré du ca-
price, m'arrêtant avec prédilection dans
les localités avec lesquelles j'étais depuis
longtemps familiarisé, passant indifféremment devant des lieux que je n'avais jamais eu la velléité de voir, avec ces alternatives d'activité et de nonchalance qui
font le charme des voyages et qu'on pourrait appeler la coquetterie des touristes.

Je regagnai Tarascon, patrie du savant
abbé Expilly, et explorai Beaucaire, l'antique *Ugernum*, dont le château — aux élégantes et vieilles tours féodales, théâtre de
plusieurs événements mémorables, — renferme une petite chapelle où saint Louis
entendit la messe avant de s'embarquer
pour la Terre-Sainte. Le comte de Tou-

louse Raymond VII, fils de Raymond VI
et de Jeanne d'Angleterre, fille de Henri II
et d'Aliénor de Guyenne, naquit à Beaucaire, en 1197, et fut enterré à Fonte-
vrault dans le caveau des Plantagenets,
après sa mort, survenue le 27 septembre
1249, à côté de sa mère Jeanne, de son
oncle Richard Cœur de Lion, de son aïeul
Henri II et d'Elisabeth d'Angoulême,
femme de Jean Sans Terre, et d'Aliénor
de Guyenne. Je visitai aussi, à une
demi-lieue de Beaucaire, au milieu
d'une plaine marécageuse, le monument
connu sous le nom d'Oratoire de saint
Louis, et allai jusqu'à Nîmes voir la momie Atéphinofré, veuve du grand prêtre
Phinofré, scribe du temple d'Ammon-Ra,
à Thèbes.

Un industriel, chargé pendant vingt ans
de la surveillance de la Maison-Carrée,
ayant été révoqué de ses fonctions, avait
établi, en face de ce merveilleux joyau
corinthien, un cabinet d'antiquités. Chaque
fois que j'étais allé à Nîmes, j'avais aperçu
cet antiquaire sur le pas de sa porte, d'où
il provoquait de la voix et du geste l'attention des touristes; mais j'avais toujours
résisté à ses provocations, car peu me
chaillait de son bric-à-brac, dont l'authen-
ticité m'inspirait des doutes, lorsque à
mon dernier passage à Marseille, un de

mes amis m'ayant parlé de la momie Atéphinofré, qui faisait partie de la collection
de l'antiquaire en question, je me décidai
à revenir sur mes pas pour l'aller voir.

Lorsque j'entrai dans le capharnaüm de
l'antiquaire, où il n'y avait que des *bibe-
lots* insignifiants, je tombai en rêverie devant le corps, — pénétré de bitume et de
natron, — d'Atéphinofré, dont plus d'un
Rot-En-Ne-Rôme des bords du Nil fut sans
doute enamouré ; devant ses yeux éteints,
jadis brillants de tout l'éclat de la nuit des
lampes de Saïs ; devant sa bouche muette,
que n'anime plus cet indescriptible sourire
osirien que gardent depuis plus de trois
mille ans les sphinx et les têtes qui surmontent les canopes. Le lotus, le népen-
thès et les roses du Fayoum ne paraient
plus le front de cette pauvre morte, qui
conservait une vague odeur de liqueur de
cèdre, de poudre de santal, de myrrhe et
de cinnamome, qui me reporta en imagination vers les syringes ; mais je fus bien
vite rappelé au sentiment de la réalité par
la voix de l'antiquaire spéculateur, véritable *showman* qui profanait la majesté du
sommeil de la fille du grand prêtre, en ex-
pliquant à sa manière les hiéroglyphes de
son cercueil. Je le quittai écœuré, au milieu de son boniment ; je payai ce qu'il me
demanda en échange d'une brochure sur

les momies, et m'en allai jeter un coup
d'œil sur la Maison-Carrée, les Arènes, la
tour Magne, la fontaine de Diane, la porte
d'Auguste et la porte de France.

Là-dessus, je partis de Nîmes et me rendis à Avignon, jadis belle et resplendis-
sante ville, aujourd'hui morne et froide
dans l'ombre de sa prospérité évanouie et
de sa grandeur déchue.

Avignon, *Avenio Cavarum*, — l'île Son-
nante de Rabelais, — résidence des papes
pendant presque tout le quatorzième siècle,
et que les Gibelins appelèrent la Babylone
du Rhône, comme ils nommèrent Rome la
Babylone du Tibre, a conservé de ses
splendeurs disparues une empreinte mélancolique et solennelle qui vous attire en
réveillant des rêves oubliés.

J'y fus hanté par le souvenir de cette
formidable discussion entre les gallicans et
les ultramontains, qui commença à la fin
du treizième siècle par les différends sur-
venus entre *Philippe le Bel* et le *violent
et rusé Boniface* VIII. L'ombre de son successeur Benoît IX, qui se réconcilia avec
Philippe le Bel, mais qui mourut subite-
ment empoisonné par les Colonna, se
dressa ensuite devant moi. On connaît les
suites de ce drame : le conclave se divisa
en deux factions, l'une française, l'autre
italienne. Par une manœuvre habile, les

cardinaux français surent donner la tiare
à Bertrand de Gôt, évêque de Bordeaux,
qui, sous le nom de Clément V, se laissa
entraîner, par l'appât du pouvoir, à toutes
les conditions que le roi de France voulut
lui imposer, et poussa la condescendance
jusqu'à transporter le siége pontifical à
Avignon, afin d'échapper à la pression des
Gibelins. Son neveu, Gaillard de Pressac,
évêque de Toulouse, qui résida presque
continuellement à la cour de son oncle,
envoya dans la capitale du Languedoc des
artistes italiens qui exécutèrent sans doute,
de 1310 à 1315, les belles fresques peu
connues de la chapelle des Sept-Dormants,
qu'on voit dans la basilique romane de
Saint-Sernin. Le successeur de Clément V,
Jean XXII, — pontife énergique, habile et
remuant, fils d'un chaussetier ambulant de
Cahors, élevé dans l'Université de Toulouse, qui se glorifie d'avoir vu aussi sortir de son sein Benoît XII, Innocent VI et
Urbain V, — reçut la tiare dans l'église métropolitaine de Lyon, le 8 septembre 1316.
Ses luttes avec Louis de Bavière, de la
maison de Wittelsbach, qui, secondé par
les Gibelins, fit élire à Rome l'anti-pape
Nicolas V, agitèrent la chrétienté. Jacques
Fournier, — l'austère Benoît XII, — né
aux environs de Saverdun, petite ville du
département de l'Ariége ; le fastueux et

mondain Clément VI ; le modeste Innocent
VI et le zélé Urbain V ceignirent successivement la tiare et résidèrent dans la Babylone des bords du Rhône, que l'évêque
Durandi qualifia de « royaume de démons, »
de « repaire de satyres. »

Pétrarque, dont la sœur aurait été victime
des débauches de Benoît XII, selon le témoignage suspect de son biographe Squar-
ciapio, a dépeint les mœurs de la cour
pontificale d'Avignon en témoin passionné
et indigné. « C'est ici le labyrinthe où mugit le Minotaure ravisseur, dit-il, où règnent
la Vénus impudique et Pasiphaé amante du
taureau. Là, point de guide ni d'Ariane ;
pour enchaîner le monstre et gagner le por-
tier, point d'autre moyen que l'or. Mais l'or
y ouvre le ciel et achète Jésus-Christ. »

Urbain V quitta Avignon, en 1367, pour
rétablir le siége pontifical à Rome ; mais
il n'y séjourna que trois ans et revint mourir aux bords du Rhône. Son successeur,
le modeste, savant, vertueux et libéral
Grégoire XI, conseillé par sainte Brigitte
de Suède et sainte Catherine de Sienne,
s'était également rendu aux vœux de l'Italie en s'installant au Vatican ; la mort seule
l'empêcha de repasser les Alpes et de retourner à Avignon. Il mit fin à ce que l'on
a appelé la captivité de Babylone de l'E-
glise romaine.

Le peuple romain crut l'occasion favorable pour recouvrer enfin un pape italien. On élut l'évêque de Bari, qui prit le nom d'Urbain VI. C'était un homme instruit et consciencieux, mélancolique et sévère, que les cardinaux vénérèrent pendant deux mois comme pape et proclamèrent comme tel à la chrétienté ; mais lorsqu'il eut pris des mesures pour diminuer leur influence et secouer leur tutelle, un parti considérable d'entre eux se retira à Avignon, déclara l'élection illégale et élut Robert de Genève, célèbre sous le nom de Clément VII.

Alors commença le grand schisme pendant lequel le saint-siége perdit le respect des fidèles. Clément VII, établi à Avignon, multiplia les cardinaux et prodigua les expectatives, constitua l'état pontifical en royaume d'Adria, en faveur de Louis Ier d'Anjou, tandis qu'Urbain VI, en proie à de continuels soupçons, se soutenait par des moyens violents.

Les cardinaux de son obédience lui donnèrent pour successeur Boniface IX, homme ignorant et avide, et de leur côté, les cardinaux de Clément VII proclamèrent à sa mort le cauteleux Benoît XIII, le fameux et ambitieux Pierre de Luna.

Il était temps, sous peine de la voir périr, de rétablir l'unité de l'Eglise. Le roi de France chargea le maréchal Boucicaut

d'assiéger, dans son palais d'Avignon, le
pape Benoît XIII, qui réussit à s'évader.
Dans cet intervalle, Innocent VII, en
1404, et Grégoire XII, en 1406, se succé-
daient au Vatican.

Les cardinaux des deux obédiences,
lassés, après être convenus d'assembler un
concile à Pise, enjoignirent à chacun des
deux papes de s'y rendre. Les deux pon-
tifes ne tinrent aucun compte de la som-
mation. Grégoire XII convoqua un synode
à Udine, et Benoît XIII en ouvrit un autre
à Perpignan, où il résidait depuis sa fuite
d'Avignon.

Les deux papes ne s'étant pas présentés,
l'obédience leur fut enlevée, et on leur
substitua Pierre Filargio, archevêque de
Milan, sous le nom d'Alexandre V. Il ferma
le concile de Pise, et le cardinal Balthasar
de Cossa, c'est-à-dire Jean XXIII, lui
succéda.

Le concile de Constance fut assemblé.
Il fit brûler Jean Huss et Jérôme de Pra-
gue, déposa Jean XXIII et le tint en prison courtoise. Ce pape finit par se rache-
ter et échangea la tiare contre le chapeau
de cardinal de Frascati. Grégoire XII
abdiqua loyalement et se contenta de devenir cardinal de Porto; l'obstiné Benoît XIII, seul, persévéra dans son opi-
niâtreté, et déclara que l'Eglise était en

Espagne, à Péniscola, où il se trouvait, « comme jadis tout le genre humain dans l'arche. » Lorsque les Espagnols se réunirent aux autres nations qui formaient le concile, il fut aussi déposé, et, en 1417, le concile élut, sous le nom de Martin V, Otto Colenna, qui fit la clôture du concile, le 19 avril 1418.

La puissance des papes à Avignon s'évanouit dans ces luttes, et celle des légats y commença, lorsque Alexandre V y envoya Pierre de Thurrei reprendre la ville, occupée par la garnison espagnole, que commandait le frère de Benoît XIII.

Dans cette ville, où passèrent les compagnies blanches de l'archiprêtre Arnoux de Servole et les bandes de Duguesclin, j'ai maintes fois évoqué la splendeur de ses jours glorieux. J'y vis planer les ombres saisissantes de ses papes et de ses légats, unies à celles de Jeanne de Naples et de Louis de Tarente, de Laure et de Pétrarque, de Rienzi et du podestat Barral des Baux, des comtes de Toulouse et du chevalier Folard qui commenta Polybe.

Le formidable château des papes, commencé en 1336, terminé en 1370, avec les lignes rigides, les sobres profils de ses murailles crénelées et de ses donjons hautains, ressemble plutôt à une bastille qu'à un palais pontifical. C'était la forteresse sacerdotale de la puissance théocratique aux prises avec la brutalité des pouvoirs séculiers. Il était jadis flanqué des sept tours de Trouillas, chef-d'œuvre d'Obreri, le Vauban de son siècle; de l'Estrapade, de Saint-Jean, de la Campane, de Saint-Laurent, de Lagache et des Anges, aujourd'hui démantelées.

La façade, tournée à l'ouest, vis-à-vis l'ancien hôtel des Monnaies, regarde le Rhône. La plus belle et la plus riche des tours bâties par Urbain V, — celle des Anges, — ainsi nommée à cause des peintures qui en décoraient l'intérieur, dominait cette façade. Le vice-légat Colonna la fit détruire en 1664; mais les tourelles gothiques, le balcon crénelé, les entrées souterraines, les poternes, les herses et les voûtes gardent encore l'âpreté du terrorisme féodal.

L'intérieur de la tour Saint-Jean, dont Jean XXII avait fait sa demeure, était décoré de fresques attribuées au Giotto. On ne distingue plus de ces peintures que l'*Histoire de saint Martial*, remarquable par le sentiment religieux des têtes et la naïveté de l'expression. Le *Calvaire* en forme en quelque sorte le couronnement et lui paraît postérieur. Ces fresques furent mutilées au commencement de la Restauration par les soldats qu'on avait casernés

5

dans le palais, et qui en vendaient les fragments à vil prix. La salle de l'ancien tribunal de la Rota renferme aussi des fresques représentant un *Christ en croix
entouré des quatre docteurs de l'Eglise*,
et un *Jugement dernier*, dont il ne subsiste que quelques figures attribuées à
Spinello Aretino.

Dans ce palais, dont l'architecture rusti-
que a un bien autre caractère que celle du
Vatican, je me suis laissé montrer la prison et la salle du tribunal de l'Inquisition,
la salle destinée aux tortures et l'endroit
où était fixée la fameuse *veille*, instru-
ment de torture d'invention avignonaise,
pal perfectionné dont le sinistre souvenir
donne la chair de poule.

Du côté de la tour Saint-Jean, un rempart liait la citadelle, dite du *Cardinal
Blanc*, aux murs de Notre-Dame des
Doms, beau monument de transition du
roman au gothique, dont les Avignonais
attribuent complaisamment la fondation à
sainte Marthe, qui, d'après eux, serait
allée de Tarascon à Avignon, après qu'elle
eut dompté la Tarasque. Le porche, que
certains archéologues font remonter à
Charlemagne et que d'autres disent prove-
nir de cette remarquable école bourgui-
gnonne qui se développa à la fin du onzième
et dans le cours du douzième siècle, est

roman. Il donne majestueusement accès à la cathédrale, qui a la forme d'une basilique.

Je remarquai dans cette église quelques fresques, dont une du Siennois Simon Memmi, que je crois dignes de l'admiration des connaisseurs. J'en contemplai avec ravissement une représentant, drapée dans une robe d'azur, la blonde Laure de Pétrarque, dont le profil harmonieux brille comme une étoile d'or dans le firmament. Le souvenir de cet astre du ciel poétique de Pétrarque ne doit pas m'empêcher de parler des colonnes torses et des chapiteaux romans de la chapelle de Charlemagne; du siége byzantin des papes, placé dans le chœur, non loin du tombeau du brave Crillon ; de la chapelle décorée par Eugène Dévéria, ni de celle qui renferme une statue de la Vierge, de Pradier, où j'ai retrouvé l'afféterie triviale et profane qui caractérise les créations de cet improvisateur, que je serais tenté d'appeler le vaudevilliste de la sculpture. Je recommande d'une manière spéciale la chapelle Saint-Joseph, — qu'un passage mettait en communication avec le château des papes, — où un sacristain exhibe flegmatiquement les magnifiques tombeaux de Jean XXII et de Benoît XII.

Je passai bien des heures, qui de longtemps ne reviendront ni si belles ni si

douces, sur l'esplanade du rocher des Doms,
voisine de la cathédrale, autour de la statue
du Persan Jean Althen, qui importa la
culture de la garance dans le Comtat. Ma
vue embrassait, de là, le panorama de la
ville, étreinte d'un côté par le Rhône et de
l'autre par lo chemin de fer. Du côté du
fleuve j'apercevais l'île de Piot, séparée de
la Berthelasse par le champ de Mars. Au
bout du pont rompu de Saint-Bénezet,
dont la légende est merveilleuse, apparaissait Villeneuve-lès-Avignon, où Jeanne de
Naples et son mari, Louis de Tarente, vé-
curent dans le palais du cardinal Napoléon
des Ursins, pendant la peste qui ravagea
Avignon. La tour carrée du cardinal de
Luxembourg, béatifié par Clément VII, y
profile son imposante silhouette, à quelque
distance du fort Saint-André, dont les deux
tours de Philippe le Bel s'élancent, du milieu des ruines amoncelées des remparts,
près d'une petite chapelle obstruée de dé-
combres. Du côté du chemin de fer s'étend
le Champ-Fleury, où l'on enterra les morts
lors de la peste qui enleva Laure de Sade,
en 1348 ; Saint-Ruf, que recommandent
les souvenirs de son ancien monastère ; la
Bousasse, le grand Trillage, le quartier des
Baux, les clos des Peyres et de Saint-Jean,
les Fontaines, le cimetière Saint-Jean,
et enfin Saint-Bonaventure.

L'histoire officielle m'émeut médiocrement; mais j'adore les petites circon-
stances, les détails de caractère, les légendes mystérieuses, et je ne sache pas de
coin dans Avignon qui n'éveille d'émou-
vants souvenirs. La nef gothique de Saint-
Agricol se recommande par une Vierge
en bois de Coysevox, la chapelle des pé-
nitents de la Miséricorde par des tableaux
de Mignard et le fameux Christ en ivoire,
— exécuté en 1659 par le Lyonnais Guil-
hermin. Ce chef-d'œuvre frappe par la navrante expression de douceur et d'anéan-
tissement empreinte sur la figure du Christ.
Derrière l'église et le couvent Saint-
Martial, on voyait, dans l'ancien couvent
des Célestins, la succursale de Invalides
établie au retour de l'expédition d'Egypte
et supprimée en 1848. Laure de Sade,
morte en 1348, avait été ensevelie dans
l'église des Cordeliers, que la Révolution
saccagea, et le tombeau de la muse du poète
d'Arezzo disparut. Un Anglais sentimental fit élever un monument à sa mémoire
dans la rue des Lices, aux abords de l'emplacement de l'église que les fureurs
révolutionnaires firent disparaître. Cet insignifiant monument, qui portait cette inscription : *Hunc cippum posuit Carolus
Kalsall Anglicus*, a, m'a-t-on dit, été
transporté au Musée. Je n'ose pas l'af-

firmer, car je ne m'en suis pas assuré.
Sur la place Crillon, dans *l'hôtel du Pa-
lais-Royal*, en face de *l'hôtel de l'Europe*, où j'étais logé, on montre la chambre où le maréchal Brune fut assassiné,
le 2 août 1815. Les lieux témoins des
colères populaires peuvent bien intéres-
ser les bonnes gens qui se pâment aux
mélodrames de l'Ambigu ; mais ils ont
tellement le don de m'attrister que je ne
pus me résoudre à visiter cette chambre
aux sanglants souvenirs. Je préférai con-
sacrer mes loisirs à parcourir le Musée.

Le Musée, fondé par le docteur Calvet,
renferme des objets précieux de l'anti-
quité et du moyen âge, ainsi que des
tableaux du Guaspre, d'Hobbéma, de
Mignard, de Largilière et de Sébastien
Bourdon. Le Toulousain Subleyras et les
Avignonais Parrocel, Antoine, Joseph et
Carle Vernet y sont aussi représentés.

Quoique je me fusse promis de ne décrire
aucun des objets que ce Musée renferme,
je ne résiste pas à la tentation de signaler deux bas-reliefs, venus du château
de Marandi, à Vaison, dont je parlerai
tout à l'heure.

L'une des niches contenant ces bas-reliefs repose sur une sorte de corniche soutenue par des consoles et surmontée d'un
fronton circulaire, dont le tympan est oc-

cupé par une tête, encadrée d'un cercle
d'oves. Le bas-relief représente deux personnages assis sur un char traîné par des
chevaux qu'un automédon conduit. De
petites figures d'hommes et de chevaux,
formant une scène à part, occupent le
haut et le bas. L'autre niche est surmontée d'un fronton triangulaire présentant
un bélier au tympan. Le sujet du bas-relief consiste dans un sacrifice. Le victi-
maire est flanqué de deux assistants qui
tiennent un taureau par les cornes. Les ornements de ces deux monuments, dans le
style contestable du Bas-Empire, sont fort
intéressants.

Je me complais dans mes souvenirs sur
Avignon, car son passé est si attrayant que
j'éprouve un grand charme à en parler.
Ses remparts ne sont pas une des moin-
dres curiosités de cette vieille ville, qui a
toujours été fortifiée. Lorsque Charles
Martel s'en empara en 737, il détruisit
les remparts romains, qui furent rempla-
cés par de nouvelles fortifications qu'on
renversa lors du siége de la ville par
Louis VIII. Celles qui existent actuellement ont été élevées de 1350 à 1368. On
ne pénétrait, il n'y a pas longtemps encore, dans Avignon, que par les portes de
l'Oulle, Saint-Dominique, Saint-Roch,
Saint-Michel, de l'Imbert, Saint-Lazare

et du Rhône, vis-à-vis le pont Bénezet;
mais on a percé une nouvelle ouverture,
en·abattant les remparts, — entre les
portes Saint-Roch et Saint-Michel, — pour
faciliter le service entre la ville et la gare
du chemin de fer.

Avenio ventosa,
Sine vento venenosa,
Cum vento fastidiosa.

Ce dicton populaire est peut-être exact;
mais j'ai constaté, dans la patrie de Jour-
dan Coupe-Tête, un fléau plus redoutable
que la malaria et le mistral : c'est la gros-
sièreté de la populace. Vous connaissez ses
portefaix de réputation ; quant aux dames
de la halle, vous croiriez, à entendre leurs
aménités, assister à ces singulières fêtes
athéniennes, désignées sous le nom de
Sténies, qu'au temps de Périclès les femmes célébraient en s'injuriant. Leur élo-
quence m'a souvent fait rêver au proverbe
turc qui dit que « le silence est l'ornement
des femmes. »

Pendant mon séjour à Avignon, je fis
de fréquentes excursions à Villeneuve-lès-
Avignon, qui jusqu'au treizième siècle
porta le nom de Bourg-Saint-André. Sa
nouvelle appellation ne date que de 1272,
où Philippe le Bel, voulant fonder en face
d'Avignon une ville rivale de la capitale

du Comtat, promit aux habitants des privilèges pareils à ceux dont jouissaient les Parisiens. Sa dénomination primitive provenait d'un monastère, fondé dans les premiers siècles de notre ère par sainte Tasarie, fille d'un roi de Saragosse, qui, abandonnant les pompes de la cour, serait allée à pied, à travers les montagnes d'Espagne et de France, se retirer dans une grotte du mont Andouan.

Outre la tour de Luxembourg, le fort Saint-André et la petite chapelle dont j'ai parlé, il faut voir à Villeneuve, attenant au réfectoire des Chartreux, les belles fresques de la voûte de la chapelle du palais qu'Innocent VI y fit construire. Le tombeau gothique de ce pontife, primitivement placé dans l'église des Chartreux, est actuellement dans celle de l'hôpital. Les statues d'albâtre, qui en faisaient l'ornement, ont été vendues; mais malgré les outrages qu'il a subis, ce monument est remarquable par la légèreté, la grâce et l'abondance de ses décorations. On ne devra pas sortir de l'hôpital sans passer au parloir, pour y contempler un *Jugement dernier,* attribué au roi René, et le portrait de l'infortunée marquise de Ganges, surnommée la belle Provençale, que Mignard a peinte en robe de bure, tenant des roses dans son tablier. L'église paroissiale, d'ailleurs assez insi-

gnifiante, se recommande par une belle
*Descente de croix,* que la tradition attribue à Gian Bellin.

Une patache me transporta d'Avignon à
Cavaillon, l'ancienne capitale des Cavares,
où la pastèque et le melon mûrissent sur
les bords enchantés de la Durance. Le propriétaire de cette patache ne paraissait pas
s'être inquiété de concilier les exigences de
la crinoline avec les égards dus aux touristes. Je m'encaquai au milieu d'un conflit
de falbalas annexés à des têtes de femmes
indescriptibles, qui se livraient à une joie
épaisse mais sincère, provoquée par les fa-
céties d'un monsieur qui voyageait avec
elles. Ce monsieur avait l'air si satisfait de
soi qu'il riait continuellement; mais il
avait la bouche si grande que je craignais
que sa tête ne tombât dedans, comme dit
Cyrano. Tout ce que ces braves gens ra-
contèrent pendant le trajet est d'un grotes-
que inénarrable. Quoi qu'il en soit, j'arrivai
sain et sauf à Cavaillon.

Cette petite ville montre avec une certaine fierté son arc de triomphe, jadis enclavé dans le palais épiscopal. Le palais a
été démoli, et l'arc, privé de son amortis-
sement, est en assez mauvais arroi. Une
partie est enfouie dans le sol. J'aime sa
grande arcade et son pilastre orné de feuil-
lages et couronné par un chapiteau corin-

thien. De chaque côté essore une Victoire ailée tenant une palme de la main droite et une couronne de l'autre.

L'homme à la grande bouche, — voué à la culture des melons et des pastèques, — m'avait recommandé de visiter la cathédrale, qui porte le nom de Saint-Véran, quoiqu'elle ait été consacrée à la Vierge en 1251 par Innocent IV, et le petit cloître attenant. Je me félicitai d'avoir suivi le conseil de cet estimable cultivateur.

Quoique personne ne me l'eût conseillé, j'entrepris le voyage sentimental et classique de la fontaine de Vaucluse. Dès que l'on a quitté Avignon, après avoir dépassé l'abbaye de Saint-Ruf et la chartreuse de Bonpas, la route poudreuse s'épanouit à travers des vignes émaillées d'oliviers, d'églantiers et d'aubépines. On traverse le canal de Crillon, dont les eaux, arrivant de la Durance, fertilisent le Comtat, et on arrive au village de Thor, dont l'église Sainte-Marie du Lac, où l'ogive se marie au plein cintre, tire son nom d'une statue de la Vierge miraculeusement retrouvée dans un étang, où un taureau la fit découvrir.

De Thor, on se rend en peu de temps à l'Isle, assise sur une île formée par les branches de la Sorgue, dont les eaux fertilisent la contrée, et le romantique village

de Vaucluse apparaît bientôt aux yeux
ravis des pèlerins. Au coude d'un défilé
conduisant du village à la fontaine, sur-
gissent les ruines d'un château qu'habita
le cardinal de Cabassol, évêque de Cavaillon et protecteur de Pétrarque.

La vallée de Vaucluse, située au fond
d'une gorge formée par la chaîne des
monts qui joint le Ventoux au Luberon,
se termine par des masses calcaires, rou-
geâtres, abruptes et désolées, qui ferment
brusquement le défilé comme un rempart,
et lui ont valu son nom : *Vallis clausa.*
Le volume d'eau de la fontaine est imposant, mais le site manque de grandeur ;
les rochers sont étriqués et le paysage n'a
ni l'âpre majesté de Gavarnie ni l'aspect
pittoresque des gorges d'Olliero.

Pour peu que l'imagination s'en mêle, elle
se promène à son aise dans ces lieux, con-
sacrés par des souvenirs historiques et légendaires. Ces lieux s'animent alors étran-
gement. On leur prête cette âme secrète
qui répand le charme mystérieux de la
vie sur la nature, à l'immensité de laquelle nous ajoutons l'infini de nos rêves.
L'homme et la nature se font des confi-
dences réciproques ; aussi, dans ce pauvre
monde, on ne vit qu'où l'on aime, et rien
ne vaut le coin où se révéla le cœur d'un
être adoré. Voilà pourquoi tant de gens

sont allés à Vaucluse voir les lieux où Pétrarque chanta celle qui fit la gloire et le tourment de sa vie.

On sait que Pétrarque était né à Arezzo, de Petraco de Parenzo et d'Eletta de Canigiani. Sa famille, bannie de Florence et dépouillée de ses biens par la même révolution qui causa l'exil de Dante, erra en Toscane jusqu'au moment où, ayant perdu l'espoir de rentrer dans sa patrie, elle alla se fixer à Avignon. De là, notre poëte fut envoyé à Carpentras pour y apprendre la grammaire, la dialectique, la rhétorique ; à Montpellier, pour s'initier aux arcanes de la médecine ; et à Bologne, où il se livra à l'étude de la jurisprudence. Il passa, en un mot, maître dans les sept arts libéraux contenus dans le *Trivium* et le *Quadrivium*. La mort prématurée de sa mère, bientôt suivie de celle de son père, le rappela à Avignon en 1326. Ce fut dans cette ville, le 6 avril de l'année suivante, à la première heure du jour, dans l'église Sainte-Claire, qu'il vit Laure de Noves, femme d'Hugues de Sade, qu'il a immortalisée.

Pétrarque vécut à Avignon sous les pontificats de Jean XXII, Benoît XII et Clément VI, qu'il sollicita vainement de retourner à Rome. Ce poëte, qui fut chanoine de la petite ville de Lombez, voisine

de Toulouse, avait l'idolâtrie du culte de
l'antiquité. On lui doit la découverte de
quelques parchemins et de nombreux pa-
limpsestes ; il composa des épîtres , des
églogues en vers latins, et l'*Africa*, poëme
épique, dont le héros est Scipion, qu'il regardait comme le plus grand homme de
l'antiquité. Ce poëme, écrit dans la langue
de Virgile, lui valut, quoique fort médiocre, les honneurs du Capitole. Toutes ces
productions sont justement tombées dans
l'oubli ; mais ce qui fait sa gloire immor-
telle ce sont ses *Rime*, composées de bal-
lades, de sixtines, de sonnets et de canzo-
nes, dont il est impossible de traduire la
suave mélodie dans notre langue. Il a surtout excellé dans ces *dernières*, où les ar-
deurs du lyrisme s'unissent aux langueurs
de l'élégie, et où la diversité infinie des
images ne fait jamais oublier l'unité con-
stante de sentiment.

On assure que Laure ne repoussa jamais
Pétrarque, et sut nourrir sa passion en la
quintessenciant. Aussi l'amour du poëte
prit-il ce caractère mystique, qui place si
haut l'être adoré, qu'il craint de l'offenser
alors même qu'il le célèbre. Bien qu'élevée
dans une sphère supérieure, la passion du
poëte offre cependant des attractions sympathiques et ardentes qui nous font partager ses soupirs et ses larmes. Pétrarque est

parfois alambiqué, mais toujours attachant,
et s'il y a un reproche à lui faire, c'est d'a-
voir donné naissance à une école d'élégia-
ques qui ont fatigué l'humanité des refrains
écœurants de leurs fades amours.

Il ne faudrait cependant pas être dupe du
dilettantisme érotique du chantre de Laure,
car ce rapsode des amours sans espoir et
de la félicité achetée par le sacrifice, eut,
comme la plupart des poëtes pleurards,
une existence assez orageuse, puisqu'il
laissa plusieurs bâtards. Il en est d'ailleurs
de même de Dante, le chantre mystique de
Béatrix, le bilieux époux de l'acariâtre
Gemma Donati, dont il eut sept enfants
en dix ans, ce qui est suffisant pour un
poëte platonique. Il n'y a donc pas de té-
mérité à supposer qu'il mena une existence
assez licencieuse, puisque Boccace dit de
lui : *In questo mirifico poeta trovo am-
plissimo luogo la lussuria.*

Dans la petite église de Vaucluse où
j'étais allé voir, sur le maître-autel, les
*Anges en adoration* du sculpteur com-
tadin Bernus, je retrouvai une famille anglaise à laquelle j'avais été présenté il y a
quelques années à Bade. Lorsque je fis la
connaissance de cette famille, elle se composait du père, de la mère et d'une fille florissante de jeunesse, dont la beauté était
surtout intérieure, comme celle de l'Epouse

du Cantique des cantiques. Elle résumait
l'élégance anglaise dans sa grâce vapo-
reuse et romanesque. Elle avait une peau
de cold-cream et de lait virginal, les che-
veux du soleil et les étoiles dans les yeux.
L'ami qui me présenta à la famille était
aussi un Anglais que j'avais connu à Malte
et qui devait épouser la jeune miss. Je me
souviens des heures ineffables passées avec
lui à écouter chanter sa fiancée dans un
cottage de l'allée de Lichtenthal. J'ai lu
quelque part qu'un certain Giannetto Ma-
rietti, envoyé par les Florentins en ambas-
sade auprès d'Alphonse d'Aragon, roi de
Naples, le harangua avec un tel succès,
que le roi ne leva pas même la main pour
chasser une mouche qui s'était campée sur
son nez. Quand la jeune miss chantait,
nous étions sous le charme comme Alphonse
d'Aragon. J'ai rarement vu plus d'espérances réunies sur deux jeunes fronts. Ils
étaient tous les deux jeunes, riches, beaux
et heureux ; mais l'amour avait flatté leurs
vœux d'une fausse espérance. Au moment
où il allait l'épouser, le fiancé dut partir
pour la guerre d'Orient, et il se fit tuer
dans la brillante et fameuse charge des
horse-guards, à Balaklava. La mort sépara ces deux cœurs en blessant mortelle-
ment celui de la jeune miss. Les parents
ont marié l'inconsolée à une espèce d'al-

binos blond, glabre et blafard à faire lever
le cœur ; aussi dépérit-elle depuis la mort
de celui à qui elle avait donné son cœur en
échange du sien. Lorsque je la retrouvai à
Vaucluse, elle était languissante et étiolée
comme ces roses éphémères qui s'épanouissent et meurent en quelques instants. Tandis que tout semblait mort en elle, ses yeux
brillaient encore d'un feu profond et exaspéré, comme les lampes qui vont s'étein-
dre. Elle s'éteignit, en effet, le jour même
de son arrivée à Hyères, où la conduisait
sa famille lorsque je la rencontrai à Vaucluse.

Je quittai ce village poétique sous l'impression de tristesse que m'avait laissée la
rencontre de la jeune Anglaise, et que l'a-
troce monument élevé par la duchesse
d'Angoulême à la mémoire de l'amant de
Laure, près du village, n'était pas fait pour
dissiper.

Je pensais encore à la jeune mourante
et au sculpteur Bernus, lorsque j'arrivai
à Carpentras, qui partage avec Landerneau,
Pézenas, Brives-le-Gaillarde et Saint-
Malo le privilége d'exercer la verve folâtre
des vaudevillistes. Tenez pour certain que
Carpentras vaut mieux que sa réputation.
C'est une petite ville qui, comme toutes
celles du Comtat, a l'aspect militaire. Je
lui trouvai une assez fière allure derrière

ses remparts du quatorzième siècle, crénelés et flanqués de hautes et nombreuses tours, devant lesquelles échoua la rage de cette hyène huguenote qu'on appelait le baron des Adrets.

Avant l'invasion des Gaules par les Romains, Carpentras était la capitale des Méminiens. Pline l'appelait *Carpentoracte Meminiorum*, et Ptolémée lui donna le nem de *Forum Neronis*. Les Bourguignons s'en emparèrent au cinquième siècle; elle échut successivement aux Ostrogoths, aux rois de France, aux comtes de Provence et de Toulouse, dont je retrouvais à chaque pas l'imposant souvenir; ceux-ci la transmirent aux papes qui en firent cession à la république française.

La domination romaine la dota d'un arc de triomphe sur l'origine duquel les savants se sont donné carrière sans arriver à une solution satisfaisante. Il resta longtemps enclavé dans les cuisines aujourd'hui démolies de l'évêché. C'est un bloc rectangulaire de dix mètres de hauteur sur trois de largeur, d'ordre composite, avec une seule arcade. La façade méridionale est percée d'une voûte, dont l'archivolte intérieure repose sur des pilastres cannelés et des impostes. Des colonnes saillantes, cannelées et rudentées, surmontées de leur entablement, s'élèvent

aux quatre angles extérieurs. La façade
orientale, la mieux conservée, est ornée
d'un bas-relief représentant un tronc d'arbre, chargé d'un trophée composé de dépouilles opimes. Deux captifs, les mains
liées derrière le dos, sont enchaînés, l'un
à droite, l'autre à gauche du trophée. La
décoration de la façade occidentale offre à
peu près le même motif avec de légères
variantes.

Du moyen âge, Carpentras a conservé
une porte ogivale et une tour du château
des comtes de Toulouse, ainsi que le palais
des évêques qu'habita le pape Clément V,
— dans la grande salle duquel se réunissaient les états de la province. La cathédrale, bâtie, au quatorzième siècle, sur les
ruines d'une église primitive dédiée à saint
Siffrein, *sanctus Suffredus*, me parut intéressante, et je m'oubliai devant son portail décoré de plusieurs colonnes en marbre blanc et rose, qui passent dans le pays
pour avoir été enlevées à un temple de
Diane, à Vénasque, la plus importante cité
des Méminiens.

Comme on peut en juger, l'antiquité et
le moyen âge ont laissé leur empreinte
dans le comtat Venaissin, qui était habité
par les Cavares et les Méminiens au temps
de César. La dénomination de *Venaissin*
m'a longtemps intrigué, et après maintes

recherches, j'ai eu le regret de constater
que les étymologistes se sont chamaillés
sans parvenir à s'accorder entre eux. Les
uns font dériver ce nom de la ville de Vénasque dont je viens de parler, les autres
du latin *à venatione*, c'est-à-dire propre
à la chasse. Cette dernière hypothèse me
sourit assez, car il est certain que les comtes de Toulouse, souverains du Comtat, y
avaient fait construire, au douzième siècle,
le château de Sorgues, qui leur servait de
rendez-vous de chasse, comme Cordes,
dont il reste de si belles choses dans le
département du Tarn, leur servait d'asile
quand ils allaient chasser dans la forêt de
la Grésigne.

Le château de Sorgues, que le baron des
Adrets livra aux flammes et dont la Révolution rasa les tours, n'offre plus que d'insignifiants débris pour jamais endormis
dans la poussière du passé; mais le temps
et les révolutions n'ont pu y détruire la
beauté des femmes, dont les profils gréco-
romains rivalisent, à mon avis, avec ceux
des Arlésiennes, quoiqu'ils aient moins de
notoriété. N'oubliez pas que Sorgues, —
véritable émeraude de verdure sertie dans
le sol calcaire du Midi, — est une des
stations du chemin de fer de Lyon à la
Méditerranée, que cette station avoisine
Roquemaure, remarquable par sa tour

perchée au sommet d'un rocher escarpé, et que c'est à deux pas de là qu'Annibal traversa le Rhône avec son armée et ses éléphants, lorsqu'il se préparait à franchir les Alpes en marchant sur Rome. Si le hasard des voyages conduit le lecteur dans ces parages, je l'engage à s'y attarder comme je l'ai fait.

Sorgues m'a fait oublier que je n'en ai pas fini avec Carpentras, dont les habitants vantent leur bibliothèque et leur Hôtel-Dieu, fondés par Joseph-Dominique d'Inguimbert, né dans cette ville en 1683. Il entra dans l'ordre de Saint-Dominique, prit en religion le nom de dom Malachie, habita l'Italie, où on l'appelait Giumberti, et devint évêque de sa vie natale, où il mourut en 1757. Sa dépouille mortelle repose dans la chapelle de l'Hôtel-Dieu, où j'ai vu dans le parloir, au milieu d'une foule de toiles insignifiantes, un beau tableau de Rigaud représentant Rancé, dont le pape avait fait cadeau à d'Inguimbert.

Depuis que j'avais remarqué au musée d'Avignon les deux bas-reliefs découverts à Vaison, j'étais tourmenté du désir de visiter cette ancienne grande cité des Gaules.

Vaison , *Æria Vocontium* , *Vasio Nova Vocontium*, capitale des Voconces et patrie de Trogue-Pompée , historien latin, secrétaire de César, résista longtemps aux Romains, dont elle finit cependant par subir la domination en obtenant néanmoins le titre de ville alliée. Elle s'élevait alors dans la plaine appelée aujourd'hui la Villasse, au pied des quatre montagnes de Mars, du Puy-Min, d'Ausez et de Théos. Les barbares la détruisirent, mais elle renaquit de ses cendres et était florissante en 1284, époque où son évêque ayant refusé de reconnaître la suzeraineté de Raymond IV, comte de Toulouse, celui-ci s'empara de la ville qu'il livra aux flammes. On la reconstruisit sur l'autre rive de l'Ouvèze, sur la hauteur qu'elle occupe actuellement, avec des rues étroites, sombres et maussades. Il y aurait de l'indiscrétion à vous entretenir de cette ville relativement nouvelle qui n'a jamais fait parler d'elle.

Les archéologues se sont rués sur l'emplacement de l'ancienne cité gallo-romaine et ont exhumé pas mal d'antiquités ; mais la terre avare en garde, sans doute, encore beaucoup dans ses flancs mystérieux. Les vestiges de l'époque romaine sont rares au-dessus du sol. J'aperçus cependant, à l'extrémité septentrionale d'un faubourg, sur le revers de la colline du Puy-Min, les débris d'un théâtre que les habitants désignent sous le nom des Arcades. Pourvu

qu'on y mette de la complaisance, on y
peut retrouver les traces demi-circulaires
de la *cavea*, la ligne du *proscenium*, et
deux arcades qui s'élancent à l'extrémité
orientale des gradins.

Un jeune archéologue du pays, parfait
gentleman, mourant de la nostalgie de
Paris dans le marasme de la petite ville ,
m'offrit courtoisement de me servir de cicerone et de me faire l'exhibition des curiosités de la localité. Nous visitâmes ensemble des traces d'aqueducs qui amenaient
dans la ville les eaux de la fontaine de
Groseau ; le pont romain d'une seule arche
qui existe encore sur l'Ouvèze ; les débris
d'un quai romain et les fragments d'un
temple de Diane.

Les temples de cette riante mythologie
antique, qui n'était qu'une vaste allégorie
de la nature représentée par les dieux et
les déesses, ont disparu ; mais deux églises
de la vieille cité ont échappé à l'incendie
qu'alluma le comte de Toulouse : la chapelle Saint-Quenin, *sanctus Quinidius* ou
*Clinidius*, et la cathédrale. La chapelle,
située à l'ouest des Arcades, se reliait jadis
à une abbaye, et peut être considérée
comme un des premiers oratoires chrétiens
des Gaules. La cathédrale, placée sous la
double invocation de la Vierge et de saint
Quinide, est isolée au milieu des champs.

Mon obligeant cicerone m'apprit qu'elle est classée parmi les monuments historiques. C'est, en effet, un des plus anciens spécimens de l'architecture romane, puisqu'elle fut fondée en 910, par l'évêque Humbert. Nous vîmes aussi, au nord de cette église, un admirable cloître construit dans le même style, et terminâmes nos explorations par une station au curieux édifice du troisième siècle de notre ère, appelé château de Maraldi ou Marandi, dans les murs duquel furent trouvés les bas-reliefs du Musée d'Avignon, que j'ai décrits.

Je rentrai à mon hôtel, où l'on me servit un dîner inavouable, et gagnai incontinent ma chambre, dans l'espérance bien légitime de me livrer au sommeil, pensant que Morphée me dédommagerait de Comus. J'avais compté sans mon hôte ou plutôt sans la vermine inhospitalière de ses lits, et je passai stoïquement la nuit sur une chaise à méditer sur les infortunes des touristes, en faisant des études sur le *cimex lectularius*, l'une des plus féroces espèces de l'ordre des hémyptères hétéroptères. *Multa hospitia, paucas amicitias.*

Au milieu de mes tribulations, je me rappelai l'aventure de ce voyageur qui arrive dans une auberge où il avoue l'extrême modicité de sa bourse et demande une chambre à l'avenant.

— Monsieur, répond l'hôtesse, j'ai des chambres à trois francs... sans punaises; j'en ai d'autres à deux francs...

— Avec punaises? demande le voyageur.

— Naturellement, réplique l'hôtesse.

Je fus heureusement dédommagé en arrivant à Orange : l'hôtel est honorable, la nourriture avouable, et si l'on y est un peu inquiété par les mouches et les mousetiques, on n'y est du moins pas dévoré par les punaises.

Orange, *Arausio Cavarum*, importante cité des Gaules, tomba de bonne heure au pouvoir de César, fut reprise et saccagée par Vercingétorix, pour retomber sous la domination des Romains, qui y établirent la seconde légion et l'appelèrent *Secunda-norum Colonia*. Les Burgundes et les Ostrogoths y promenèrent plus tard leurs sauvages fureurs. Elle fit ensuite et successivement partie du royaume d'Austrasie et des conquêtes des Sarrasins, jusqu'au moment où les princes carlovingiens en donnèrent le gouvernement au paladin Guillaume au Cornet, déjà gouverneur et comte de Toulouse, dont je parlais tantôt à propos de l'abbaye de Saint-Guilhem-du-Désert.

Joseph de La Pise regarde ce paladin comme le chef de la première maison d'Orange. Son fils lui succéda au comté

de Toulouse, et sa fille dans celui d'Orange.
Dix-neuf princes illustrèrent cette branche,
dont Bertrand des Baux épousa une des
princesses, vers la fin du douzième siècle.
Cette union donna naissance à une seconde lignée, celle des Baux, dont un des
princes s'opposa à l'esprit albigeois que
protégeaient les comtes de Toulouse. L'une
de ses descendantes, Marie des Baux,
épousa Jean de Châlons, d'où sortit la troisième branche d'Orange, — la dynastie de
Châlons, — tombée en quenouille avec la
princesse Claude, qui, de son union avec
Henri, comte de Nassau, eut un fils, René
de Nassau, en qui commença la quatrième
et dernière branche de la maison d'Orange,
qui finit en 1697.

Si ce que je dis a mis le lecteur en goût
à l'endroit de ces dynasties, je lui signale
un gros volume écrit par un enfant du
pays, Joseph de La Pise. Cet in-folio,
d'ailleurs assez indigeste, est intitulé
*Tableau de l'histoire des princes et
principauté d'Orange, divisé en quatre
parties, selon les quatre races qui y ont
régné depuis 793.*

Je parcourus la ville en méditant sur la
raillerie atroce des choses de ce monde. Je
reconstruisis mentalement ses anciens
remparts, à l'aide des vestiges épars que
j'apercevais çà et là, et me convainquis

ainsi que cette ville, qui contient à peine
actuellement dix mille âmes, devait, en
des jours plus prospères, en contenir au
moins quarante mille.

Lorsque je portais mes regards vers
l'arc de triomphe, j'évoquais la mémoire
de Domitius-Ænobarbus, entrant en triom-
phateur sur un de ces éléphants auxquels
il devait sa victoire sur les Allobroges. Aux
abords du théâtre bruissaient ces inexprimables murmures que j'entendais à Rome,
près du Colysée et de la *Meta Sudans*. Le
génie des solitudes y chante son hymne de
douleur, l'esprit du passé y pleure sur les
races éteintes, et la voix inquiète du comte
Raimbaud semble y revenir pour moduler
ses languirs d'amour.

Raimbaud III, comte d'Orange et troubadour, a laissé de grands souvenirs dans
le pays. Au moyen âge, il emplit la Provence de ses chansons amoureuses. Il disait
que lors même qu'il devrait perdre Orange,
il ne cesserait jamais d'être amoureux de
la belle comtesse de Die, qui, bien que ma-
riée, célébra et divulgua follement ses
amours avec le comte, en vers énergiques
qu'elle lui adressa. Ce qui n'empêcha pas
le comte de la tromper et de se moquer
d'elle dans ses chansons.

Je n'aime pas cet ingrat et perfide Raimbaud, dont je remarquai la statue en

marbre blanc dans l'église Saint-Eutrope, et j'allai l'oublier devant l'arc de triomphe, voisin de l'hôtel, à l'extrémité de la ville, sur la route de Valence. Les princes d'Orange l'avaient incorporé dans leur palais, et c'est à cet acte de vandalisme que nous sommes redevables de sa conservation, ce qui prouve qu'à quelque chose malheur est quelquefois bon. N'est-ce pas grâce à des actes analogues qu'il me fut permis de voir les arcs de Cavaillon et de Carpentras, et que nous admirons encore quelques beaux monuments de Rome païenne? Au treizième siècle, tandis que les Gaëtani transformèrent en donjon le tombeau de Cæcilia Métella, les Orsini s'emparèrent du théâtre de Marcellus qu'ils fortifièrent, et les *Frangipani* convertirent en bastille l'arc de Titus.

L'arc d'Orange mesure 22 mètres en hauteur, sur une largeur de 21 et une épaisseur de 6. Il est percé de trois arcades, dont l'intérieur est remarquable par l'élégance exquise de l'ornementation, et quatre colonnes corinthiennes cannelées décorent chacune des façades principales.

Je distinguai, sur la façade orientale, des captifs attachés deux à deux, les mains derrière le dos. Des trophées suspendus à des troncs d'arbres et surmontés du *labarum* dominent ces captifs. Un combat de

gladiateurs est représenté dans la frise, que
couronne un fronton surmonté de deux
néréides. Au milieu du fronton , dans une
espèce de niche demi-circulaire, apparaît
une tête radiée, que l'on croit être le soleil, ayant sur chacun de ses côtés une corne
d'abondance.

La face septentrionale, qui servait d'entrée à la ville, est encore la mieux conservée. Des quatre colonnes qui la décoraient, il
n'en reste plus que trois. L'attique, en
forme de stylobate, porte, au-dessus du
grand arc, une bataille de cavaliers et de
fantassins. Les trophées du fronton sont
presque entièrement composés d'attributs
maritimes.

La face méridionale, singulièrement dé-
gradée, n'a conservé que deux de ses quatre colonnes primitives. Le sujet du bas-
relief de l'attique, pareil à celui de la face
septentrionale, lui est supérieur comme
exécution. Des inscriptions tronquées diaprent le côté gauche. A droite du grand
bas-relief, l'autel formant l'attique du petit arceau, du côté du levant, porte un
bas-relief représentant, dans un cadre, un
buste de femme, la tête penchée et appuyée sur la main droite. Quelques archéologues pensent qu'il représente la
Syrienne Martha, la sibylle de Marius.

Les bas-reliefs de la face tournée vers le

sud-ouest sont presque entièrement détruits. Les lambeaux qui ont résisté aux
ravages du temps ou aux fureurs révolutionnaires ne me paraissent pas dignes
d'être signalés.

Relativement à l'origine de cet arc,
l'archéologie en est réduite à de vaines
hypothèses, et, quoiqu'il soit à peu près
certain que ces sortes de monuments ne
furent pas connus avant les empereurs,
elle hésite entre Marius, César, Auguste, Domitius-Ænobarbus, Septime-Sé-
vère, Adrien et Marc-Aurèle.

Le théâtre, bâti en gros blocs de pierre
coquillière, provenant des environs de
Courthezon, est un monument admirable,
tant par sa rareté que par sa conservation.
La façade, d'une simplicité grandiose, imposante et rigide, avait trois portes. Au-
dessus s'élève une rangée d'arcades surmontées d'une corniche et d'une ligne de
corbeaux, et, — séparée de la première par
une gouttière, — une seconde ligne de corbeaux. Une corniche saillante couronne le
sommet du gigantesque mur. On suppose,
— d'après certains indices, — que l'édifice
était recouvert d'une toiture et non d'un ve-
larium. Il est adossé à une colline où les
princes d'Orange avaient bâti une citadelle
dont il était le bastion avancé. Cette citadelle, vraiment imposante, fut rasée par

Louis XIV, qui annexa la principauté d'Orange au Dauphiné.

La dévastation règne en dominatrice au dedans de ce théâtre, silencieux et morne comme les solitudes de la Thébaïde. Les gradins jonchent le sol ; des blocs de granit et de marbre, vestiges des trois rangs de colonnes qui décoraient la scène, gisent épars comme un collier rompu. A droite et à gauche de la scène ravagée, deux corps de bâtiments avancés contiennent des corridors profonds, des escaliers chancelants, de vastes salles destinées aux acteurs et au service du théâtre. Là, au milieu d'âpres senteurs aromatiques, dans un recueillement que je n'ai guère éprouvé que dans les cathédrales désertes et les nécropoles abandonnées, j'ai pensé que des ruines de ce genre durent probablement inspirer à Burton son *Anatomie de la mélancolie*, et à Zimmermann son *Traité sur la solitude*.

Orange avait aussi un amphithéâtre, cirque cyclopéen où rugirent les lions et où coula le sang des gladiateurs. Il consistait en une seule enceinte ellyptique, percée de vingt-quatre portes. Les traces de ce monument ont à peu près disparu, et les pierres ont, dit-on, servi à bâtir la plupart des maisons de la ville. Un portique, qui le mettait en communication avec le théâtre, découpe dans le ciel bleu son mélancolique profil. La main des hommes, plus cruelle que la faux du temps, a tout détruit, et le proverbe oriental a raison : « Un fou jette une pierre dans la mer, cent sages ne la retireront pas. »

Dans la ville et aux environs, on vit au milieu des souvenirs de l'antiquité, dont chaque grain de poussière atteste la grandeur évanouie. Lorsque j'errais dans la campagne, je trouvais à chaque instant d'imposants débris. Ici, des fragments des remparts de l'antique Arausio ; ailleurs, des traces de voie romaine ; sur la route de Malaucène à Vaison, les ruines d'un aqueduc qui portait dans Orange les eaux de la fontaine de Groseau.

Le monde antique ne me faisait cependant pas oublier celui au milieu duquel nous vivons, et que nous devons aimer malgré les déceptions dont il nous abreuve. Les pieux souvenirs du passé n'excluent ni les affections du présent ni les généreuses espérances en l'avenir. Quelles qu'aient été nos déconvenues, quoi que l'heure présente ait de morne, il ne faut pas désespérer des futurs contingents. Chaque âge a sa Chimère à exterminer et sa Toison d'or à conquérir. L'humanité, éclairée par les leçons répétées et les châtiments de l'expérience, puise dans les grandeurs et les

misères du passé de salutaires enseigne-
ments.

J'étais un jour, au coucher du soleil, sur
le sommet de la colline à laquelle est adossé
le théâtre. Le pays déroulait à mes regards
sa parure de garance, de vignes, de mûriers blancs et d'oliviers, culture principale
de la principauté d'Orange et des deux
Comtats. Le soleil, — lampe ardente sus-
pendue à la voûte du ciel, — diamantait la
robe de la Nature ; l'odeur des fleurs se
mêlait au long frémissement des brises
errantes ; une inexprimable harmonie ré-
gnait dans l'air et dilatait le cœur. L'irré-
sistible et douce tristesse que la solitude
fait descendre dans l'âme, qu'elle remplit
d'anxiétés solennelles et attendrissantes,
pleines d'un indéfinissable attrait, m'enva-
hit. Je sentis frémir les cordes intérieures
comme une harpe éolienne ; la Nature
sembla prête à me dévoiler ses secrets, et
je crus que j'allais être initié à ces mystères
invisibles dont la création est pleine, depuis
le brin d'herbe que nous foulons sous nos
pas, jusqu'aux sphères que nos regards
poursuivent dans l'espace.

Je veux bien admettre que nos affections
commencent quelquefois par l'admiration,
mais je crois qu'elles nous sont plus souvent
encore inspirées par l'attendrissement,
parce que tout retentit dans nos cœurs,

dont le sang est pétri de larmes, et que nous devenons l'écho sympathique des ivresses et des mélancolies des sites où nous passons.

La Nature, — confidente des poëtes et consolatrice des affligés, — est banale et muette pour qui n'en saisit pas l'éloquente harmonie ; mais, pour ceux qui la comprennent, elle a une voix qu'animent des souffles mystérieux. Elle souffre et se plaint, chante et pleure comme nous. Elle a des sourires pour les cœurs enivrés, et des baumes pour les âmes blessées. Je l'ai interrogée sous le ciel embrasé de l'Egypte, du haut des promontoires ioniens, au bord des lacs mélancoliques des Highlands, sur les golfes enchantés de la Sicile, aux majestueuses solitudes de l'Agro-Romano, dans les polders brumeux de la Néerlande, sous les ciels d'opale et à la magique lueur des nuits polaires, au milieu des apparitions druidiques des landes bretonnes, à l'ombre des pommiers qui diaprent les gras pâturages émaillés de viornes et d'églantiers de la Normandie, à l'abri des odorants jasmins de l'Espagne agonisante, sous les sombres tilleuls de la rêveuse Allemagne ; partout elle m'a charmé aux jours heureux et consolé aux heures de découragement.

On raconte qu'un jour, en plein Institut,

un célèbre physiologiste affirma « sur l'honneur » que Dieu n'existe pas. Les harmonies de la terre et des cieux, qui célèbrent la gloire de Celui que tout nomme, n'avaient donc jamais ému cet infortuné !

Un écrivain oriental raconte que Moïse ayant demandé à Dieu où il le trouverait, Jéhovah lui répondit : « Sachez que lorsque vous me chercherez, vous m'aurez déjà trouvé. »

Je professe une profonde antipathie pour la ligne droite ; aussi allai-je à Vienne en Dauphiné, en faisant des circuits à lasser un gaucho dans les pampas. Vienne, est une ville manufacturière et triste, dont les constructions s'élèvent sans ordre, sans plan, sans goût, sans symétrie ; incommode à habiter, plus incommode à parcourir, à cause de l'exiguïté de ses rues, de leur déclivité et de leurs sinuosités.

Ce fut pourtant, dans le principe, une des plus florissantes cités de ces Allobroges qui jouèrent un rôle important dans l'ancienne Gaule. Les Romains y établirent ultérieurement une colonie, et plusieurs empereurs y firent de longs séjours. Elle devint, au cinquième siècle, la capitale du premier royaume de Bourgogne, excita ensuite successivement les convoitises des Francs et des Sarrasins, et reconquit momentanément sa splendeur, au neuvième

siècle, en redevenant, sous Bozon I<sup>er</sup>, la
capitale du second royaume de Bourgogne,
royaume éphémère où ses successeurs ne
régnèrent guère que de nom. Dès lors,
Vienne fut en proie à l'anarchie; les comtes
d'Albon s'y installèrent et finirent, au
treizième siècle, par prendre le titre de
Dauphins du Viennois. Réunie au Dauphiné,
cette ville en partagea les destinées, et
passa, avec cette province, à la couronne,
en 1339. Ce n'est plus aujourd'hui qu'une
sous-préfecture du département de l'I-
sère.

Berceau du christianisme dans les Gaules, Vienne, suivant la tradition, aurait eu
saint Paul pour premier évêque, et a mérité, par la quantité de ses martyrs, le sur-
nom de Cologne française. Ses prélats prirent, au douzième siècle, le titre de grands
primats des primats des Gaules, et reçurent plusieurs fois l'hommage des Dauphins
du Viennois.

Comme j'avais maintes fois descendu et
remonté le Rhône, et maintes fois aussi
fait le trajet de Lyon à la Méditerranée,
par la diligence ou le chemin de fer, je
voulus aller d'Orange à Vienne en flânant;
mais avant de narrer mes impressions
actuelles d'excursionniste, je ne puis résister
à la tentation de raconter un voyage que
je fis sur le Rhône, d'Avignon à Valence,

lorsque je me rendais à Grenoble, par Romans, pour entrer en Suisse en traversant Chambéry.

Le ciel souriait à la terre, et le pont du bateau à vapeur regorgeait de passagers. Je m'étais blotti sur un banc et regardais couler le grand fleuve, que j'ai vu si riant à sa sortie du Léman et si majestueux à son embouchure, lorsqu'il se jette dans le golfe du Lion, dans le delta de la Camargue, sur cette terre pélagienne où les néréides attachent une frange d'azur et d'argent à la robe de Cérès. Remarquez que j'écris golfe du Lion et non de Lyon, comme on le dit communément et bien à tort. Les anciens le nomment *sinus Leonis*, et jamais *sinus Lugdunensis*. Guillaume de Nangis, — dans la vie de saint Louis, — l'appelle mer du Lion, et les Espagnols lui donnent le nom de *golfo Leone*. Ajoutez à ces arguments, déjà péremptoires, qu'un étang de la Camargue s'appelle étang du Lion, et que dans la petite ville des Saintes-Maries on voit un lion antique regardant la mer.

Les coudes appuyés sur le bastingage, je regardais donc le Rhône aussi attentivement que le lion des Saintes-Maries regarde la Méditerranée, lorsque, en faisant un mouvement, je renversai involontairement une cage, dans laquelle une vieille dame transportait un serin, qu'elle paraissait idolâtrer presque autànt qu'un carlin auquel elle prodiguait les soins d'une sollicitude passionnée. La pauvre femme, exaspérée, entra dans une colère si inconvenante à mon endroit, que sa nièce, adorable fille d'Eve, déjà affriandée par l'odeur des pommes, se crut obligée de m'adresser des excuses, dont je lui sus d'autant plus gré que je les jugeais superflûes. Je respecte trop l'amour des vieilles femmes pour les serins, les chats, les carlins et les perroquets, pour me formaliser de leurs boutades.

Cette scène bouffonne se passa entre Mornas et Mondragon, dont les antiques châteaux démantelés étalent leurs ruines sinistres sur la rive gauche du fleuve.

Pendant les guerres de religion, qui désolèrent ce pays, il se passa à Mornas une scene aussi tragique que la mienne est burlesque. La baron des Adrets, s'étant emparé du château, força les habitants à sauter du haut des parapets dans les fossés taillés dans le roc. L'un d'eux ayant hésité : « Saute donc, lui dit le cruel baron, voilà quatre fois que tu recules. — Eh ! répondit le catholique, vous en parlez bien à votre aise; je vous le donne en dix pour en faire autant. »

Le baron, désarmé par cette boutade,

lui épargna la vie. Après cela, il fit mettre
sur une barque les cadavres de quelques
chefs catholiques, et, leur ayant fait placer
des bâtons dans les mains et enfoncer des
cornes dans la tête, laissa aller à la dérive
cette embarcation sur laquelle on avait
peint cette inscription italienne : « O voi
d'Avignone, lasciate passare questi mer-
canti, perché han pagato il dazio a Mornas. »

La petite ville de Mondragon est accroupie au pied d'un rocher couronné des ruines de son vieux château. Ce bourg insignifiant avait cependant autrefois le titre
de principauté, et les archevêques d'Arles
y firent, à une certaine époque, battre monnaie.

Au moment où nous passâmes sous l'une
des vingt imposantes arches du pont Saint-
Esprit, qui appartient moitié au Languedoc et moitié à la Provence, la bréhaigne
dont j'avais failli tuer le serin eut le crève-
cœur de voir périr son chien dans les flots
du Rhône, extrêmement rapide dans ces
parages. Ce mopse chassieux, obèse et
goutteux, laissait, dans tous les coins du
pyroscaphe, des traces si peu équivoques
de ses fonctions digestives, que le mousse
impatienté jeta le délinquant par-dessus le
bord. La pauvre vieille en faillit mourir de
désespoir et les passagers d'hilarité, sauf

une Anglaise osseuse, gonflée de crinoline
exclusive et d'empois isolant, qui traînait
à sa remorque une collection de perroquets
qu'elle apportait de Ceylan, conjointement
avec le corps de son mari, mort du typhus,
qu'elle avait fait emballer dans une boîte
en plomb, qui figurait parmi les colis.

En vue de Montélimart, — célèbre par
son nougat blanc, — j'entendis, — en français provençal, — la phrase suivante, paro-
les et musique intraduisibles, d'un employé
du bord :

— Les voyazeurs qu'on debarque à Mon-
telimart, preparez leurs effets !

La même phrase, à la variante du nom
de la localité près, retentit en vue de Valence, où je débarquai. La bréhaigne me
lança alors un regard foudroyant; mais
j'espère que sa nièce aura plaidé ma cause
auprès d'elle et que la bonne femme m'aura
pardonné avant de mourir, car je ne suppose pas qu'elle ait survécu aux émotions
de ce voyage.

J'en ai fini avec mes impressions rétros-
pectives, et je reprends le récit de mon
voyage actuel. En quittant Orange, je me
dirigeai sur Nyons, *Nœomagus*, *Novi-
dunum*, *Castrum Nionis*, ville d'origine
celtique, ancienne cité des Voconces, qui
n'est plus aujourd'hui qu'une modeste sous-
préfecture du département de la Drôme.

Nyons s'éléve entre deux chaînes de montagnes qui l'enveloppent de leurs rideaux d'oliviers, de mûriers et de vignes, au pied du col de Devez, à la tête d'une vallée délicieuse, véritable jardin d'Arcadie, partie dans la plaine et partie en amphithéâtre, sur la rive droite de l'Aigues, que traverse un audacieux pont de construction romaine, d'une seule arche. Je crois, mais je n'oserais pas l'affirmer, que les Dauphins d'Auvergne y résidèrent. Une citadelle, placée sur une hauteur, en faisait une des places les plus fortes du Dauphiné. Les protestants s'en emparèrent néanmoins, et Richelieu la fit raser. La ville, avec ces trois quartiers : les Forts, les Halles et les Bourgs, étouffe derrière ses murailles flanquées de donjons et percées de quatre portes, comme Laocoon et ses enfants sous les étreintes des serpents. La plupart de ses habitants, enfermés dans des magnaneries et des filatures, ignorent qu'elle a vu naître Philis de La Tour du Pin de La Charce, illustre héroïne qui, en 1692, sous les ordres de Catinat, parvint, à la tête des habitants de la contrée, à chasser les troupes du duc de Savoie, qui ravageaient le Dauphiné.

J'arrivais à peine à Nyons, lorsque j'eus la bonne fortune d'y rencontrer un ancien ami, ex-dandy dégoûté des boulevards de

Paris, que lady Morgan comparait à la
ceinture de Vénus. Il m'emmena dans une
propriété où il se livre aux voluptés buco-
liques de la villégiature. Il ne s'y laisse pas
absorber par les préoccupations matériel-
les de la géorgique, et les fruits de la civi-
lisation ne lui en font pas mépriser les
fleurs. Il y met en pratique la fameuse devise philosophique du dix-huitième siècle :
« Cultivons notre jardin. »

Dans ce Buen-Retiro, riant comme une
villa italienne et confortable comme un
cottage anglais, le soleil allume les éme-
raudes du feuillage, des clartés poudroyan-
tes illuminent l'éther transparent, des parfums montent des gazons diaprés, la séve
murmure dans l'olivier et dans l'églantier.
Le ciel intérieur de l'âme y répand ses
rosées consolantes, comme dit Wordsworth.
Dans cet éden, perdu sur notre misérable
planète, faite, selon l'expression de Sterne,
des rognures des autres planètes, je me
suis enivré, sous un ciel souriant, d'un
bonheur imprégné de toutes ces nostalgies
secrètes de l'âme, que comprennent seulement ceux qui ont reçu les mystérieuses
caresses de la Mélancolie, — ce tendre et
pâle génie au front couronné de violettes
et de myosotis.

Plus on avance dans la vie et plus on se
confirme dans cette idée que, dans ces

temps d'ambitions confuses et de jactances effrénées, où la passion donne des ailes à toutes les convoitises et où les cœurs sont stériles et froids comme des grèves ravagées par les aquilons, il est prudent de chercher la paix et le bonheur dans la solitude, si chère aux cœurs sans haine et sans envie. La solitude a surtout des charmes aux heures tristes où la jeunesse voit s'envoler ses rêves enflammés et ses chimériques espérances, où elle sent se déchirer le voile diaphane à travers lequel le monde lui apparaissait entouré de prestiges décevants. J'aime la solitude, et je dirais volontiers avec Childe-Harold : « Je n'aime pas moins l'homme, mais je chéris davantage la nature après ces entretiens avec elle, où j'oublie tout ce que je puis être et tout ce que j'ai été, pour me mêler à l'univers, et éprouver ce que je ne puis jamais exprimer ni taire entièrement. »

Le Buen-Retiro dont je vous parle est dans la direction de Die, ancienne cité des Voconces, où Cybèle eut un temple orné de riches colonnes, qui décorent actuellement la cathédrale. J'y ai bien souvent songé, à cette fameuse comtesse de Die, qui s'éprit si follement de ce comte d'Orange, dont je vous parlais il y a quelques instants.

Rome a laissé à Die des traces irrécusables de sa grandeur. La porte Saint-Mar-

cel est tout simplement un arc de triomphe
romain flanqué de deux tours. La façade
extérieure est tout unie ; mais celle de
l'intérieur est ornée, dans le milieu, d'une
grosse tête de bœuf et d'une figure de tri-
ton, en relief, de chaque côté. On montre,
en outre, quatre tauroboles dans l'intérieur de la ville. Ce n'est pas là pourtant
tout ce que Rome a laissé comme témoignage de sa domination dans le pays, car
à quelque distance de la ville, à travers
les montagnes, on suit encore les restes
d'un aqueduc qui amenait à Vienne les
eaux de Valcroissant.

Il faut bien avouer que je ne voulus pas
aller jusqu'au mont Inaccessible ou de
l'Aiguille, quoique une légende, assez accréditée dans le pays, raconte que les dieux
et les déesses s'y étant un jour rassemblés,
un chasseur, nommé Ibicus, y surprit les
immortelles dans une nudité complète qui
les fit rougir, elles qui ne rougissaient
guère cependant. La légende ajoute que
Jupiter irrité changea Ibicus en bouquetin
et sépara la montagne des autres. Elle ressemble, dit-on, aujourd'hui à une pyramide
renversée qu'il est impossible de gravir.

Puisque voilà notre compte réglé avec
Die, nous allons redescendre vers le sud, à
Valréas, patrie de Pierre de Saint-Louis,
de l'abbé Maury, et chef-lieu de canton du

département de Vaucluse, enclavé dans la Drôme.

Les étymologistes se sont battu les flancs pour savoir si Valréas voulait dire *vallée riante* ou *vallée royale*, et je ne me charge pas de trancher la question. Je puis vous affirmer, par exemple, que cette ville est mal à l'aise dans ses remparts, qu'elle est fière de sa tour féodale, de son église paroissiale, et que beaucoup de médailles, d'urnes et d'amphores trouvées dans son territoire attestent son origine romaine.

Valréas, où j'ai vu l'hôtel de Simiane, ne me retint pas longtemps ; j'avais hâte d'aller à Grignan, célèbre par ses fabriques de soie, et par son château, qui servit de résidence à Mme de Sévigné, à Mme de Grignan et à Mme de Simiane.

Mme de Sévigné prétend que le château était vraiment royal, et je le croisaisément, car, tout démantelé qu'il soit, il domine encore majestueusement la ville, qui s'étale à ses pieds, sur le versant d'un coteau escarpé entre la Berre et la Lez. Du haut de la terrasse, on a une belle vue du mont Ventoux. Il appartint aux Adhémar de Monteil, qui donnèrent leur nom à Montélimart. Lorsque la branche des Adhémar qui porta le nom de Grignan, s'éteignit, les Castellane, qui leur étaient alliés par les femmes, héritèrent de leurs biens.

La baronnie de Grignan, érigée en comté
vers le milieu du seizième siècle, était, avec
le comté de Sault, un des Etats souverains
de la Provence occidentale, comme les ba-
ronnies de Baux et de Castellane l'étaient
de la Provence orientale.

J'ai contemplé, au château de Grignan,
les attendrissants vestiges d'un monde
évanoui, en y regrettant les précieuses traditions de la politesse et des élégances
françaises à jamais disparues. Les naïades
n'y sourient plus sous le vert rideau des
charmilles, et j'y ai vainement évoqué les
ombres de Boucher et de Watteau, dont les
radieux pinceaux éveillèrent dans l'or et
l'azur leurs étincelantes fêtes galantes. Je
ne sais quelle tristesse règne sous les lambris où tant de femmes ravissantes étalèrent
leurs falbalas, leurs paniers, leurs paillettes,
et sous les voûtes muettes, qui ne reten-
tissent plus de causeries spirituelles et
d'éblouissants marivaudages.

Mme de Sévigné, — mélange de Célimène et de Dorine, — qui, s'il fallait en
croire les mauvaises langues, ne se serait
pas montrée trop cruelle pour son cousin
Bussy-Rabutin, l'indiscret et spirituel auteur de l'*Histoire amoureuse des Gaules*,
et qui finit par accumuler les trésors d'une
tendresse un peu théâtrale sur Mme de
Grignan, sa fille, mourut dans ce château

et fut ensevelie dans l'église qui en dépendait. C'est là que reposent encore les restes de cet esprit vif, de cette spirituelle femme, qui ne pouvait se tenir de dire ce qu'elle croyait joli, quoique assez souvent ce fussent des choses assez gaillardes, comme l'a fait observer cette caillette de Tallemant des Réaux. Sur une dalle de marbre noir, qui couvre les cendres d'un des plus charmants esprits du dix-septième siècle, qui en a tant produits, on lit encore cette inscription qui a échappé aux fureurs révolutionnaires :

CI GIT

MARIE DE RABVTIN CHANTAL

MARQUISE DE SÉVIGNÉ

DÉCÉDÉE

LE 18 AVRIL 1696

J'avais dans le temps visité aux environs de Vitré, en Bretagne, le château des Rochers, d'où cette charmante femme data plusieurs de ses lettres, j'ai voulu également aller voir, aux environs de Grignan, la grotte de Rochecourbière, d'où elle en a aussi daté quelques-unes.

Un ami, en qui j'ai la plus grande confiance, m'avait recommandé de descendre à l'hôtel Peyrol lorsque j'irais à Grignan, et je le recommande à mon tour, car je

n'ai jamais été mieux traité dans aucun
des hôtels ruineux ni des auberges à écots
modérés où le hasard des voyages m'a conduit. Mon hôte, — né rôtisseur, — était un
brillant cuisinier de l'école de Vatel, qui
aimait son métier et en était fier. Cet ar-
tiste assista à mon dîner, les mains croisées derrière le dos, en me désignant les
meilleurs morceaux avec une sollicitude
vraiment paternelle. Il ne tolérait pas les
distractions chez ses convives et me gour-
manda amicalement de n'avoir pas cor-
rectement découpé un poulet. Comme il
faisait très-chaud, on avait laissé les fenêtres du *symposium* entr'ouvertes ; il
les ferma religieusement lorsqu'il me servit
le café, qu'il me força à boire bouillant, —
ce à quoi j'eus la condescendance d'obtem-
pérer pour ne pas le désobliger.

Je pouvais aisément me rendre en deux
heures de Grignan à Montélimart par la
route directe ; je préférai cependant prendre une autre voie, afin d'avoir un aperçu
des châteaux de Chamaret, de Monségur,
de Baume-de-Transit et de Suze-la-
Rousse, anciennes vigies féodales, attenti-
ves et mornes, qui remplissaient jadis la
contrée de terreur, et dont l'excursionniste
insouciant et railleur contemple aujour-
d'hui, sans effroi, les silhouettes inoffen-
sives et pittoresques.

On montre, aux environs de Baume-
de-Transit, de vastes chambres souterraines, communiquant, comme dans les romans d'Anne Radcliffe, à des cavernes qui
s'enfonçaient dans la montagne, et on a
trouvé, non loin de là, des sépulcres en
pierre renfermant des ossements humains,
qu'on croit appartenir à l'époque romaine.

De Suze-la-Rousse, je mis le cap tout
droit dans la direction de la petite ville de
Saint-Paul-Trois-Châteaux, abondante en
ruines qui attestent sa grandeur passée.
Quelques savants disent que c'était la capitale des Tricastins, dont le pays avait reçu
une sorte de célébrité du séjour qu'y fit
Bellovèse; d'autres prétendent que dans
l'antiquité les *Tricastini* n'occupaient pas
le Tricastin moderne et que le district de
Crest est le seul qui, dans le moyen âge,
ait porté le nom de *Tricastinum*, mal à
propos appliqué depuis au district de Saint-
Paul-Trois-Châteaux , qui se nommait
*Tricastrum*.

Je ne me soucie pas de me compromet-
tre dans une thèse d'une pareille importance, et laisse aux savants la responsabi-
lité respective de leurs assertions, en me
bornant à constater que la ville avait trois
portes. Il en subsiste encore une sous le nom
de *porte de Fan-Jou,* par corruption de

7

*Fanum Jovis*, à cause du voisinage de quelque temple dédié à Jupiter; l'autre s'appelait *porte de la Colonne*, à cause d'un monument élevé en l'honneur d'Auguste; et la troisième s'appelait *porte des Tours*, en raison des trois grandes tours qu'il y avait dans cet endroit. De là sort le nom de *Tricastrum*, auquel on ajouta celui de Saint-Paul, au cinquième siècle, en mémoire d'un de ses évêques.

Au moyen âge, Saint-Paul-Trois-Châteaux était régi par des évêques, et son église passe pour avoir été fondée par Charlemagne, sur les ruines d'un ancien temple païen. Raymond comte de Toulouse, l'assiégea pendant la guerre des Albigeois. Déjà le Faubourg était en flammes lorsque les habitants effrayés se rendirent. L'évêque, Bertrand de Pierrelatte, demanda grâce, et promit à Raymond de le servir lui et ses successeurs. Il donna un baiser au comte, en signe de paix et de fidélité, et prit l'engagement de marcher en armes, à ses dépens, toutes les fois qu'il y aurait dans le pays chevauchée commune pour le comte; ce qui ne l'empêcha pas de se tourner plus tard contre lui.

La distance n'est pas longue de Saint-Paul-Trois-Châteaux à Montélimar, et cette ancienne cité des *Ségalauni*, baignée par les eaux du Roubion et du

Jabran, mérite qu'on s'y arrête; car elle
s'épanouit au milieu d'un des plus riants
paysages de la vallée du Rhône. On a,
sans doute, ouï vanter la douceur de son
climat. Il n'en faut rien rabattre, car son
territoire est extrêmement fertile en fruits
et en graines de toute espèce.

Je ne déciderai pas si dans des temps
plus reculés elle s'appela *Acunum* ou *Acu-
sium*, mais il est positif qu'elle portait,
au moyen âge, le nom de *Montilium* et
qu'elle y ajouta ultérieurement celui d'A-
dhémar, par reconnaissance pour un de
ses seigneurs qui affranchit la commune.
Ce fut jadis une place de guerre importante et presque inexpugnable. Coligny
essaya de s'en emparer après la bataille
de Moncontour; mais les habitants lui op-
posèrent une résistance héroïque. Une
femme, Margot Delaye, renouvelant les
exploits de Jeanne Hachette, tua de sa
propre main un des chefs des réformés et
perdit un bras dans une sortie qui assura
le salut de la ville. On lui éleva une
statue, qu'on voyait encore il y a quelques
années sur les remparts et qu'on devrait
bien y replacer. La patrie du nougat blanc
n'avait plus fait parler d'elle depuis cette
époque célèbre dans ses annales, lorsque, en
1815; les troupes du duc d'Angoulême
essayèrent de s'y mesurer avec celles de

Napoléon, dans un combat héroï-comique
connu dans l'histoire sous le nom de rencontre du pont de Montélimar.

Ces contrées, prédestinées à servir de
théâtre aux grandes luttes, sont rem-
plies de souvenirs du plus saisissant intérêt. J'ai déja dit qu'Annibal traversa le
Rhône à Roquemaure, et je dois ajouter
qu'entre Valréas et Nyons, — sur la route
qui va à Montélimar, — on trouve, dans un
ravin escarpé, un camp retranché et une
tour du guet, qui, suivant la tradition,
dateraient du passage du général cartha-
ginois. C'est encore à deux pas de là que
Bellovèse rassembla ses belliqueux Gaulois
et que le consul Cæpion, — tout chargé de
l'or de Toulouse, — et son collègue Cn. Manlius furent défaits par les Ambro-Teutons,
que Marius extermina ultérieurement à
Pourrières.

Dans l'Ardèche, sur les limites de l'ancien Vivarais, Rochemaure, *Rupes Maura*,
s'élève en face de Montélimar, de l'autre
côté du Rhône, non loin du volcan de Che-
navari, dont le cratère éteint est toujours
béant. Trois immenses rochers de basalte
dominent ce bourg. Celui du milieu, taillé
à pic, et surmonté des ruines gigantesques
du manoir qu'habitèrent les Adhémar et les
Rohan-Soubise, est un grandiose entasse-
ment de donjons frénétiques, découpant fan-

tastiquement leurs profils dans le ciel comme
un vieux burg rhénan.

Loriol, avec sa population mi-partie catholique et mi-partie protestante, m'apparut
d'abord en remontant vers le nord ; puis
j'aperçus Livron et les ruines de son château démantelé par Louis XIII. Au temps
de sa splendeur, Livron, défendue par Du
Puy-Montbrun, avait été assiégée sans
succès par le marquis de Bellegarde.
Henri III alla lui prêter main-forte avec
une armée de mignons « tressés, filonés,
godronés et parfumés. » Les réformés
tinrent bon, et les assiégeants efféminés
décampèrent au milieu des huées des assiégés.

Avant d'arriver à Valence, on aperçoit,
sur la rive droite du Rhône, le château de
La Voulte, qui a appartenu aux Venta-
dour et où séjourna Louis XIII, en
1629.

Valence était la capitale de Ségalauni,
que l'Isère séparait des Allobroges. Les
Romains s'y installèrent, et on y trouve,
comme témoignage de leur domination,
quelques fragments de murailles baignés
par le Rhône, les débris d'une tour penchée et des colonnes milliaires. Elle s'élève
sur un amphithéâtre où s'étagent, comme
dans certaines villes italiennes, des jardins
et des terrasses. Elle renferme d'assez

beaux monuments du moyen âge et de la
Renaissance. La cathédrale, dont le clocher
m'a paru assez remarquable , est un édifice
romano-byzantin du onzième siècle, dont
le pape Urbain II fit la dédicace, en 1095,
sous le vocable de saint Apollinaire. Lorsque j'en visitai l'intérieur, un papelard en
habit noir, cravaté de blanc, avec des mains
de recors, des pieds de goujat dans des
souliers de janséniste, le teint fleuri et
l'oreille rouge de ce maraud de Tartufe,
m'accapara avec une familiarité obséquieuse
et s'évertua à me vanter, d'une voix de
castrat, la beauté et l'excellence des orgues. Il attira ensuite successivement mon
attention sur un *saint Sébastien*, que les
uns attribuent au Corrége et les autres au
Carrache; sur un monument de la Renaissance, — le célèbre pendentif de Valence,
— construit par des sculpteurs italiens
pour servir de tombeau à la famille de
Mistral, dont les armoiries , « de sinople
au chevron d'or, chargées de trois trèfles, »
sont sculptées à la voûte, et sur le mausolée qui renferme le cœur d'Ange Braschi,
— le pape Pie VI, — surmonté d'un buste
de ce pontife par Canova. On n'ignore
pas, en effet, que Pie VI, chassé de Rome
par les armées républicaines , trouva un
asile à Valence, où il mourut, le
29 août 1799, dans une chambre du châ-

teau du gouvernement qu'on montre aux
curieux, mais dans laquelle il n'y a rien à
voir que des murs nus « comme le discours
d'un académicien. »

Je suis passé deux fois à Valence, et je
n'y ai, chaque fois, séjourné que quelques
heures ; mais j'ai de la peine à comprendre
que Bonaparte ait pu y rester trois ans en
garnison, comme sous-lieutenant au régi-
ment d'artillerie de La Fère, au n° 4 de la
Grande-Rue, où il avait loué une chambre pour lui et une mansarde pour son
frère Louis. On est ému en pensant à ce
réduit où vécut pendant trois ans, plié
sous l'énervante discipline militaire, cet
homme indomptable qui courba le front des
rois.

Il y a encore à Valence la curieuse maison du quinzième siècle de la place aux
Clercs, appelée Maison des Têtes, à cause
des nombreuses figures qui décorent la façade et surtout à cause des quatre têtes colossales qui *personnifient les quatre vents* ;
l'intérieur d'une maison de la rue de la
Perollerie, où j'ai admiré des bas-reliefs
mythologiques de la Renaissance représentant l'histoire d'Hélène, d'un maniéré
ravissant et d'un fini précieux ; le Palais
de Justice, le Polygone et la statue de
Championnet, sur le Champ-de-Mars, d'où
l'on aperçoit la riante vallée du Rhône, et

plus loin, dans l'Ardèche, le rocher à pic
de Saint-Peray, couronné des ruines du
château de Crussol, dont il semble que le
diable ait monté les pierres. Au delà du rocher, on trouve un bourg abandonné depuis deux siècles, qui est la plus étonnante
apparition du monde.

Voilà ce que j'ai vu à Valence, sans
compter toutefois les lazzaroni indigènes,
qui passent leur vie apathique et idioti-
sante dans des cafés à boire de la bière en
culottant des pipes.

De Valence à Tournon et à Tain, je pris
le chemin de fer. Le compartiment dans
lequel j'entrai était occupé par un riche
propriétaire du pays qui n'avait pas jeté
sa langue aux chiens; un jeune couple alle-
mand qui se regardait dans le blanc des
yeux, se prenait les mains et échangeait à
chaque instant un sourire amoureux, naïf
et germanique, et enfin par un Espagnol,
espèce d'hidalgo, bilieux et maigre, qui ôta
solennellement ses souliers, mit des pan-
toufles emphatiquement brodées de pivoi-
nes sur fond jaune, en appuyant alternativement chacun de ses pieds sur ses genoux.
Après cela, il s'entoura la tête d'un fou-
lard cramoisi, fourra l'index entre son talon
et le quartier de sa pantoufle, et ne tarda pas
à roufler, en ouvrant une bouche comme
l'antre de Trophonius.

C'est en cette compagnie que j'arrivai à
Tain, après avoir dépassé la Roche-de-
Glun. Tain, *Tegna*, ville industrielle,
vantée par ses filatures et ses fabriques de
soie, s'épanouit au bas du coteau de l'Ermitage, dont les vins blancs sont très-esti-
més et dont les vins rouges sont expédiés à
Bordeaux, où on les emploie à faire des
coupages. Le coteau de l'Ermitage appartient à plusieurs propriétaires ; mon compagnon de voyage, qui n'avait pas jeté sa
langue aux chiens, en possède une partie ,
et il m'apprit que le raisin qui sert à faire
le vin rouge fut apporté de Chiraz par un
des anciens ermites de la montagne.

C'est aux environs de Tain que Fabius
gagna sur Bituit, fils de Luern, la victoire
qui ouvrit aux Romains le chemin de la
Gaule celtique. On aperçoit parfaitement ,
du haut du coteau de l'Ermitage, le champ
de bataille où le roi des Arvernes, parti de
l'endroit où est maintenant Clermont, en
Auvergne, fut battu avec les deux cent
mille confédérés gaulois qu'il commandait.
Il s'étend depuis le pied de la montagne
jusqu'à la jonction de l'Isère avec le
Rhône.

Tournon, *Turnoïum*, *Taurcdenum* ,
s'étale, dans l'Ardèche, sur la rive droite
du Rhône, en face de Tain. Ces deux villes
sont réunies entre elles par deux ponts

suspendus. Tournon fut, en 1536, le théâtre d'une mort tragique. Le jeune Dauphin, fils de François I<sup>er</sup>, y mourut chez le cardinal de Tournon, favori de son père, pour avoir bu un verre d'eau fraîche que lui offrit le comte de Montécuculli, son grand échanson. Son corps resta quelque temps dans l'église paroissiale et fut ensuite transporté à Saint-Denis. Le breuvage était-il empoisonné ou bien la fraîcheur de l'eau glaça-t-elle le sang du jeune prince qu'une longue partie au jeu de paume avait baigné de sueur ? On l'ignore ; mais Montécuculli fut arrêté, mis à la question, puis condamné à mourir de la mort des traîtres. Il fut traîné sur une claie et écartelé.

Charmante situation que celle de Tournon ! Le Rhône baigne ses pieds. Son château, dont il subsiste encore quelques constructions d'un aspect pittoresque, sert aujourd'hui de prison. Son église a été classée parmi les monuments historiques. Son collége, fondé par le fameux cardinal, favori de François I<sup>er</sup>, fut exploité par les Jésuites jusqu'à la chute de l'Ordre, en 1763, et fut, après cela, transformé en école militaire.

Je signale Saint-Vallier, où je ne me suis point arrêté. Diane de Poitiers y habita ; mais la façade du château est moderne et les jardins ont été plantés par Le Nôtre.

Cette ville est située au confluent du Rhône et de la Galaure, sur les rives de laquelle on trouve, à peu de distance de là, les ruines imposantes du château de Saint-Barthélemy-de-Vals et celles du vieux manoir des Dauphins du Viennois.

Passons rapidement devant la station d'Andancette, arrivons à Saint-Rambert et gagnons Grenoble, l'ancienne *Cularo*, la célèbre cité des Allobroges, que Gratien agrandit en lui laissant son nom : *Gratianopolis*, qu'elle a toujours conservé. Elle est assise dans la vallée de Graisivaudan , sur l'Isère, qui la divise en deux parties inégales. Sa position, au confluent de l'Isère et du Drac, en a fait le boulevard de la France du côté des Alpes. Au seizième siècle, elle avait pour citadelles la tour de Rabot et la Bastille, qui existent encore , mais tellement agrandies et fortifiées qu'elles font de Grenoble une place inexpugnable. A l'extrémité de la ville, sur le bord de l'Isère , on remarque l'Arsenal , qui forme une autre espèce de citadelle.

Grenoble ne manque pas d'élégance; les hommes y sont spirituels et les femmes gracieuses. Je suis souvent allé auprès de la Préfecture, au milieu des fleurs et des orangers du *Jardin public*, voir *folâtrer* les babies autour d'un singulier Hercule en bronze qui provient du château des Lesdiguières, et sur la place Saint-André, où on a élevé une statue à Bayard, qui n'est pas sans reproche, — la statue.

Grenoble n'est pas très-riche en monuments. J'aime cependant son gothique palais de justice, ancienne résidence des Dauphins ; son hôtel de ville, monument de la Renaissance, qu'habitait le connétable de Lesdiguières ; Saint-Laurent, la plus ancienne église de la ville, et la cathédrale, sans caractère, que ravagea le baron des Adrets, qui détruisit dans l'église Saint-André le monument des Dauphins. Le Musée, qui dépend du collége, ne manque pas d'intérêt, mais je n'ai pas le temps de dire ce que j'en pense.

Une belle fontaine, composée d'un triple rang de vasques, dont la seconde, d'un seul bloc de marbre de Sassenage, est soutenue par quatre groupes d'Amours portés par des dauphins, décore la place Grenette. Il y en a une autre sur le quai, représentant un lion écrasant un serpent, et un bel obélisque, supporté par quatre sphinx, s'élève sur la place Saint-Louis. Je passe rapidement sur une excursion aux eaux thermales d'Allevard, assises dans un vallon élevé et très-vert, aux bains d'Uriage, dominés par un joli château gothique, et sur ma visite à la Grande-Chartreuse.

Je ne puis pas en dire plus long sur

Grenoble et ses environs; le temps me presse. Nous allons regagner Saint-Rambert, qui n'est plus qu'à une trentaine de kilomètres de Vienne. La station du Péage-de-Roussillon mérite d'être mentionnée à cause de son château, — construit par le cardinal de Tournon, — dans lequel Charles IX rendit l'arrêt qui prescrivait l'adoption du calendrier *grégorien*. C'est là que finit, dit-on, le climat du Midi. Tandis que la vapeur m'emportait, j'aperçus, dans la plaine, Condrieu, célèbre par ses vins blancs, et la fameuse Côte-Rôtie, qui s'étend réellement depuis Saint-Peray jusqu'à Ampuis, et sur laquelle un soleil enragé mûrit la grappe odorante.

J'arrivai enfin à Vienne au milieu des féeriques enchantements des mouvants panoramas dont je viens de faire la nomenclature.

Vienne, que quelques auteurs latins appelèrent *opulenta Vienna*, est bâtie au confluent de la Gère et du Rhône, entre le mont Salomon, que couronne un château féodal, et le mont Pipet, sur lequel les Romains eurent un camp fortifié. Le château Salomon passe, parmi le vulgaire, pour avoir servi de prison à Ponce-Pilate, qui, d'après une tradition, aurait été exilé à Vienne, après son retour de Judée à Rome, et y serait mort.

Vienne est riche en monuments anciens. Le plus important est un temple qui, — d'après une inscription qu'un savant déchiffra sur la frise et l'architrave, — fut dédié à Auguste et à Livie. C'est, après la Maison-Carrée de Nîmes, l'un des monuments de ce genre le mieux conservé qu'il y ait en France. Il sert actuellement de local au Musée, qui renferme quelques intéressants débris antiques.

Derrière la place du Pilori, s'élèvent deux grandes arcades, avec des colonnes, qui ont été toujours désignées sous le nom d'arc de triomphe, mais qui servaient réellement de portique au Forum.

On voyait jadis ici un amphithéâtre plus grand que celui de Nîmes, mais dont on ne découvre des vestiges qu'en faisant des fouilles.

On trouve encore, çà et là, les parements des murs, selon toute probabilité élevés par César, dont la partie supérieure, ainsi que les tours et les tourelles, furent renversées dès le neuvième siècle, à l'époque de Bozon, lors du sac de la ville par Richard le Justicier.

Vienne, je l'ai déjà dit, fut la capitale des deux royaumes de Bourgogne. Le palais des rois, connu depuis leur chute sous le nom de Maison-Forte-des-Cannaux, a disparu.

L'église métropolitaine de Saint-Maurice, où l'on arrive par un perron très-élevé, et dont la façade, surmontée de deux tours massives, regarde le Rhône, est d'un style assez grandiose mais un peu lourd. Commencée au onzième siècle et terminée au treizième, elle renferme le tombeau de Bozon et fut profanée par les huguenots.

Saint-André-le-Haut a été converti en magasin, et Saint-André-le-Bas, qui date du onzième siècle, conserve religieusement les tombeaux du roi Conrad le Pacifique et du duc Ancemond, fondateur de l'ancien monastère auquel appartenait cette église.

J'observai et étudiai avec respect ce qui subsiste de la fameuse abbaye de Saint-Pierre, fondée au cinquième siècle.

J'allai dans un enclos, à quelques pas de la ville, visiter un monument pyramidal, dont l'origine exerce depuis longtemps la patience des antiquaires : on l'appelle dans le pays le Plan de l'Aiguille. C'est un massif de pierres de taille, sur lequel reposent quatre arcades en plein cintre, laissant apercevoir un plafond fait par encorbellement des pierres de l'architrave. La pyramide qui s'élève là-dessus a près de dix mètres avec son socle, et le monument en a seize dans sa totalité. Il ne manque pas d'une certaine majesté. L'opinion la plus probable est que c'était un

tombeau. A qui fut-il élevé ? On hésite entre
Vespasien , Alexandre-Sévère et Ponce-
Pilate. Cettedernière hypothèse est la plus
accréditée parce qu'elle est probablement
la moins plausible.

Je visitai tout cela en bravant la rage
d'un soleil mordant ; je faillis me liqué-
fier comme Alphée dans les bras d'Aré-
thuse et rentrai exténué à l'hôtel. Cet
abominable bouge, *perfidus caupo*, est
très-fréquenté par les mouches du pays.
Tous les goûts sont dans la nature : aussi
ne serais-je pas surpris que l'hôtelier
professât une tendresse spéciale pour elles,
car il ne se préoccupait nullement de les
expulser. Il leur offrait, au contraire, une
hospitalité patriarcale. Ces insectesen abu-
saient et se permettaient, à mon endroit,
des familiarités que rien n'autorisait. Malgré la cordialité avec laquelle on les ac-
cueillait, la plupart de ces odieuses bêtes semblaient professer un extrême mépris
de la vie. Elles se laissaient très-philoso-
phiquement choir dans les sauces suspec-
tes et les ragoûts problématiques qu'on
me prodiguait. Elles y grouillaient comme
de petits Chinois dans le fleuve Janne. Je
les laissais grouiller, sans scrupule, jusqu'à
ce que mort s'ensuivît.

La vie des touristes est remplie de tribulations de ce genre, et quoique j'en aie

éprouvé bien d'autres, dans mon existence cosmopolite, je n'en pouvais prendre mon parti. Je partis par précaution
prophylactique ; car si mon supplice eût
duré plus longtemps, je me serais écrié,
comme l'infortuné ressuscité par la sor-
cière thessalienne : « Rendez-moi aux en-
fers ! » et je regagnai mes foyers en son-
geant au dicton anglais :

There is no home like my own.

FIN.

www.ingramcontent.com/pod-product-compliance
Lightning Source LLC
Chambersburg PA
CBHW052349090426
42739CB00011B/2362